U0042093

看圖就懂 超 史上最強般若智慧解析

心經圖解

眠れなくなるほど面白い 図解 般若心経

日本真言宗智山派照光寺住持、
智山傳法院院長
宮坂宥洪 監修
許郁文 譯

前言 小小的大經典——《般若心經》

我們平日會在不同的場合祈禱。祈禱不僅僅與宗教有關，更是與我們日常生活息息相關。

我們會祈禱著：「希望明天放晴」，也會跟別人說：「要小心喲」，祈禱對方的旅行平安無事，也會祝福別人：「希望你早日康復」。

祈禱並不僅止是人類之間的語言。雖然語言是人類溝通的工具，但祈禱蘊藏於語言之中的心思意念，卻是一種超越文字的情感投射。由於我們是打從心底的祈禱祝福，所以祈禱總是再真實不過。

人類之間的交談雖然總是真真假假，但是真心的祈禱容不下半點謊言與虛偽。在梵語這個印度的古老語言之中，這種祈禱文稱為「真言」（曼陀羅，mantra），意思是「（來自佛陀的）真實的詞彙」。

《般若心經》就是闡揚這類祈禱文（曼陀羅、真言）的經典。只要正確地了解般若心經中的字字句句，就能了解般若心經存在的意義。

提到般若心經時，大部分的人都會想到「色即是空」這句話，其中的「空」多次於般若心經出現，有許多書籍也將這個字解釋成——「人生淨是空，捨去心中執著」的意思。雖然這樣的解釋沒錯，但般若心經在這個字的含意卻更加深遠。

雖然佛教的經典非常多，但般若心經卻是各宗各派都熟悉的經典。日本佛教有許多宗派，卻沒有共通的經典，唯獨般若心經是所有僧侶都知道的經典。

般若心經也受到一般大眾的青睞，早在一千二百年之前，就有許多研究與解說般若心經的書籍，也常被讀誦與抄寫。

在多如牛毛的經典之中，再沒有像般若心經這麼「暢銷」的。

到底般若心經有什麼魅力呢？雖然般若心經只有２６２個字，卻濃縮了許多經典的奧義，所以才被譽為「小小的大經典」。雖然是能隨時念誦、抄寫的經典，卻藏著無比深遠的意涵，也是引人入勝的理由。

本書盡可能忠實地探尋般若心經的真義，闡明般若心經的魅力，如果能因此幫助大家從有別其他解說書籍的角度，細細品味般若心經的樣貌，甚至因此更親近般若心經，那便是筆者無上的榮幸。

心經超圖解 看圖就懂，史上最強般若智慧解析

目錄

第1章 爬梳般若心經的沿革

第2章 了解般若心經的教誨

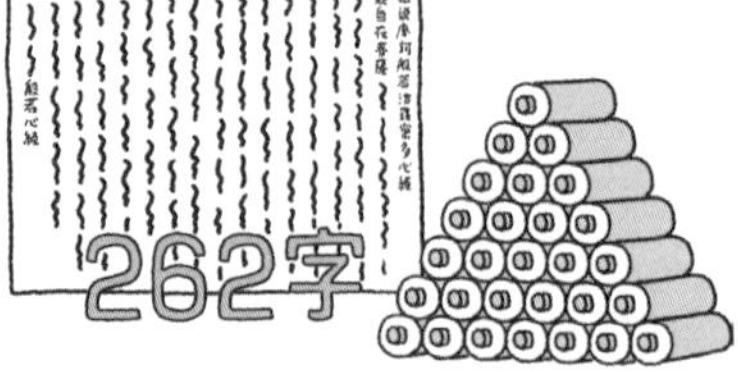

262字

揭諦揭諦
波羅揭諦
波羅僧揭諦

第1章 爬梳般若心經的沿革

闡釋「般若心」的經典

首先從「般若心經是何種經典」說起。**顧名思義，般若心經就是闡釋「般若心的經典」**，這還真是簡單直白對吧。

那麼，般若心又是什麼呢？

般若是般若波羅蜜多的簡稱，也是原典梵語的「Prajñāpāramitā」的音譯。不翻成中文，直接以讀音翻譯的方式稱為音譯，中文也有許多來自外文的音譯。

音譯的重點在於發音，與文字本身的意思並無關聯。

般若（prajñā）的意思是「智慧」。雖然寫成「知慧」也不算錯，但說的不是凡塵俗世的知慧，而是**佛的智慧、超越凡間的大智大慧**。

為了與凡間的知慧有所區別，日本的學者通常採用「智慧」這個寫法，本書也從善如流。順帶一提，「般若」只是音譯，與眾所周知的般若面具無關。（編註：般若面具日文為「般若の面」，是源於日本文化中獨有的造型面具。）

至於波羅蜜多（pāramitā）的意思是「完成」，所以「般若（波羅蜜多）心」就是**「智慧的完成（更精準地說，是『智慧本身就是一種完成』＝參考28頁）的心。」**

「般若」的意思是什麼？

般若

- ＝漢譯（梵語的音譯）：「般若波羅蜜多」
- ＝漢譯的讀音：「hannyaharamita」
- ＝梵語：「Prajñāpāramitā」
- ＝梵語的意思：「智慧、完成」
- 「智慧的完成」之意

與「般若面具」
沒有半點關係

觀自在菩薩
行深般若波羅蜜多時
照見五蘊皆空
度一切苦厄

既是禱詞，又是女尊

也是「生出佛陀」的佛母

般若心的「心」是「曼陀羅」的意思。一如「前言」所述，「曼陀羅」是「禱詞」，今時今日譯為「真言」。

般若心經就是闡釋「般若波羅蜜多的曼陀羅（真言）經典」（關於「心」的意思，將在第2章詳述）。

此外，般若波羅蜜多還有另一個含意。「Prajñāpāramitā」是陰性名詞，所以「般若波羅蜜多」既是禱詞，又是「女尊（女性為聖）」的名字，指的是佛母（＝菩薩），也就是「佛陀（釋迦、悟道之人）的母親」。

聽到般若波羅蜜多（曼陀羅）是佛母（女尊），許多人或許會覺得很奇怪，但印度自古以來，就將一切值得尊敬的事物神格化，例如風、雨、閃電這類自然現象之外，語言、時間、定理這些抽象的事物也都被神格化。

後面會提到的是，在現代最為普遍的版本是玄奘翻譯的般若心經，但其實在後世翻譯的般若心經之中，也有以「佛說聖佛母般若波羅蜜多經」為經文標題，直接將般若波羅蜜多註明為佛母的版本。在西藏版的般若心經之中，也有「女尊＝佛母」的經文標題。本書則將般若波羅蜜多解釋為催生佛陀的「智慧之力」。

般若菩薩(般若佛母)的女尊

➔象徵Prajñāpāramitā的菩薩為般若菩薩（又稱為般若佛母）。通常畫成女性的樣貌。

↑日本密教中的般若菩薩。被視為行大般若法要時的本尊。

➔西藏式般若菩薩。明明白白地被畫成女性的樣貌。

玄奘三藏帶回中土之後譯成漢字

般若心經是由**唐代僧人三藏法師——玄奘從印度帶回原典，再翻譯成中文**。由於玄奘曾於明代小説《西遊記》中登場，所以大家應該對他不會太陌生才對。

雖然《西遊記》是現實與虛幻參半的小説，但玄奘卻是實際存在的人物。玄奘之所以被稱為「三藏法師」，是因為他是精通三大佛典（經藏、律藏、論藏）的僧侶，後來被輾轉稱為譯經僧（翻譯經典的僧侶）。

三藏法師是成就譯經之責的僧侶尊稱，並非個人的名字，但是其中最為有名的就是玄奘，所以一提到三藏法師，就會讓人聯想到玄奘。

於河南省洛陽出生的玄奘立下「在印度學習佛教」的宏願後，於西元六二七年打破鎖國禁令，踏上前往異國的旅程。冒死穿越沙漠，抵達印度之後，便開始鑽研佛道。過了十八年，便帶著大量的佛教典籍回國，並在剩下的歲月裡，廢寢忘食地翻譯佛典，為僧侶講課。

在玄奘帶回的典籍之中，尤為重要的是卷數高達六百卷的「大般若經」。顧名思義，這是論述般若波羅蜜多的重要性與功德的經典，也是集眾多般若經文之大成的經典。

雖然般若心經不屬於大般若經的一部分，但有許多內容都是大般若經的摘要。

三藏法師玄奘從出發到回國的路線

圖為位於佛教聖地菩提伽耶的大菩提寺的大塔。據說玄奘也曾前來瞻仰。

繼承玄奘譯文的般若心經

嚴格來說，玄奘並非第一位將般若心經譯成中文的人。早在玄奘之前的二百五十年，後秦的鳩摩羅什就曾將般若心經譯為「摩訶般若波羅蜜大明咒經」。

而且在鳩摩羅什之前的二百年，吳國譯經家志謙也曾將般若心經譯為中文，可惜的是只有「摩訶般若波羅蜜大明咒經」這個書名流傳下來。基於這類史實，大部分的人推測，般若心經應該是在西元三世紀左右的印度寫成。

雖然在玄奘之後，還有五本中文譯本流傳後世，但如今**提到「般若心經」，通常就是指玄奘翻譯的版本**。中國自古以來對於般若心經就多有研究，也有不少解說的書籍，但大都是針對玄奘的譯文。由此可知，玄奘的譯本有多麼重要，以及多麼普及了。

由於般若心經有許多內容都是大般若經的摘要，所以也被定位為**濃縮大般若經精要的經典**。正因為玄奘千里迢迢帶回六百卷大般若經，又將餘生全數奉獻給翻譯大般若經這項工作，所以他的譯本才能流傳百世，為眾人喜愛。

另一方面，玄奘也很重視羅什的譯本。有資料指出，玄奘在前往西域途中，常常唱誦般若心經，所以從這點也可以知道，般若心經在玄奘心中，占有相當特別的地位。

流傳後世的三藏法師玄奘傳說

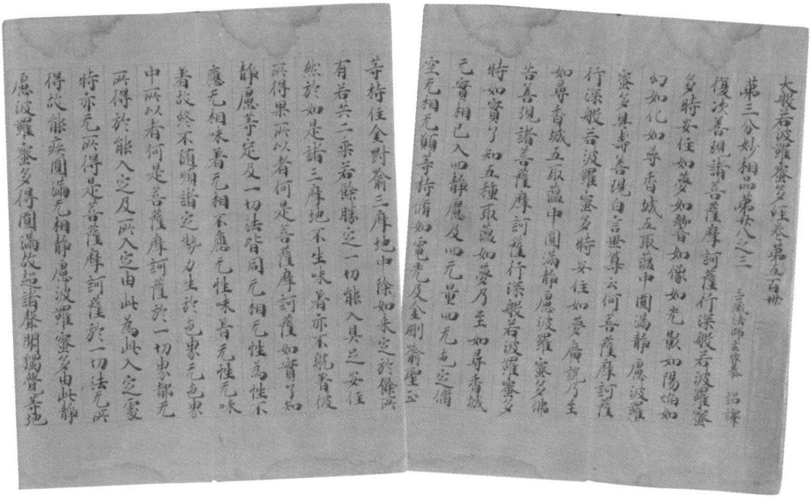
大般若波羅蜜多經卷第五百卅
第三分妙相品第廿八之三　三藏法師玄奘奉　詔譯
復次善現諸菩薩摩訶薩行深般若波羅蜜
多時安住如夢如響如像如光影如陽焰如
幻如化如尋香城五取蘊中圓滿靜慮波羅
蜜多具壽善現白言世尊云何菩薩摩訶薩
行深般若波羅蜜多時安住如夢廣說乃至
如尋香城五取蘊中圓滿靜慮波羅蜜多佛
告善現諸菩薩摩訶薩行深般若波羅蜜多
時如實了知五種取蘊如夢乃至如尋香城
无實相已入四靜慮及四无量四无色定脩
空无相无願等持脩如電光及金剛喻等
等持住金剛喻三摩地中除如來定於餘所
有菩薩二乘若餘勝定一切能入具足安住
然於如是諸三摩地不生味著亦不耽著彼
所得果所以者何是菩薩摩訶薩如實了知
靜慮等定及一切法皆同无相无性為性不
應无相味著无相不應无性味著无性无味
著故終不隨順諸定勢力生於色界无色界
中所以者何是菩薩摩訶薩於一切界都无
所得於能入定及所入定由此為此入定之處
時亦无所得是菩薩摩訶薩於一切法无所
得故能疾圓滿无相靜慮波羅蜜多由此靜
慮波羅蜜多得圓滿故超諸聲聞獨覺等地

🡅大般若經。集佛教教義之大成的典籍。卷數多達600卷。

🡅大雁塔（中國西安市）。三藏法師玄奘從印度帶回的經典與佛像便在此保存。

🡆位於大雁塔附近的三藏法師玄奘像。

傳入日本之後，廣為庶民接受

僅262個字——小小的大經典

般若心經是於何時傳入日本，目前已不可考，但一般認為，時間要追溯至唐朝，事師玄奘的**法相宗僧侶道昭，在西元六百六十年將般若心經帶回日本**。自此，日本掀起鑽研般若心經的熱潮。隨著時代更迭，進入江戶時代之後，出現了不識字的庶民也能誦念般若心經的「繪心經」。這是一種利用圖案說明讀音的般若心經，比方說，顛倒的「釜」（kama）的圖案就讀成「maka」。對於幽默的江戶庶民來說，這種方式非常地對胃口，也充分表現出即使不識字，也想一窺佛陀教誨的心情。

在日本十分普及的般若心經，是以玄奘譯本為基礎，但有少部分出入的「流布本」。這個版本多了玄奘譯本沒有的「一切」這兩個字。

所以相對於僅260個字的玄奘譯本，流布本共有262個字（內文）。

比方說，在最後的「揭諦、揭諦……」的部分，玄奘譯本通常寫成「揭帝、揭帝、波羅揭帝」，但沒有任何一種流布本沿用這種標記方式，而且在還出現了「羯諦」、「波羅」這類漢字的組合（本書的漢字標記與讀法以真言宗智山派的版本為主）。從有這麼多種版本的流布本這點來看，字數不多的般若心經的確是「規模雖小，但寓意宏大的經典」，也的確廣為庶民所接受。

流傳今日的「般若心經」譯本

玄奘譯本

流布本寫成「般若心經」

流布本寫成「羯諦」

流布本的版本會在前面加入「佛説摩訶」

般若波羅蜜多心經
唐三藏法師玄奘譯
觀自在菩薩。行深般若波羅蜜多時。照見五
蘊皆空。度一切苦厄。舍利子。色不異空。
空不異色。色即是空。空即是色。受想行識
亦復如是。舍利子。是諸法空相。不生不滅
不垢不淨。不增不減。是故空中無色。無受
想行識。無眼耳鼻舌身意。無色聲香味觸法。
無眼界。乃至無意識界。無無明。亦無無明
盡。乃至無老死。亦無老死盡。無苦集滅道。
無智亦無得。以無所得故。菩提薩埵。依般
若波羅蜜多故。心無罣礙。無罣礙故。無有
恐怖。遠離顛倒夢想。究竟涅槃。三世諸佛。
依般若波羅蜜多故。得阿耨多羅三藐三菩提。
故知般若波羅蜜多。咒。能除一切苦。真實
不虛。故說般若波羅蜜多咒。即說咒曰。
揭帝揭帝　波羅揭帝　波羅僧揭帝
菩提僧莎訶
般若波羅蜜多心經

流布本寫成「薩婆訶」及「僧婆訶」

流布本在「離」與「顛」之間插入了「一切」

流布本沒有這行

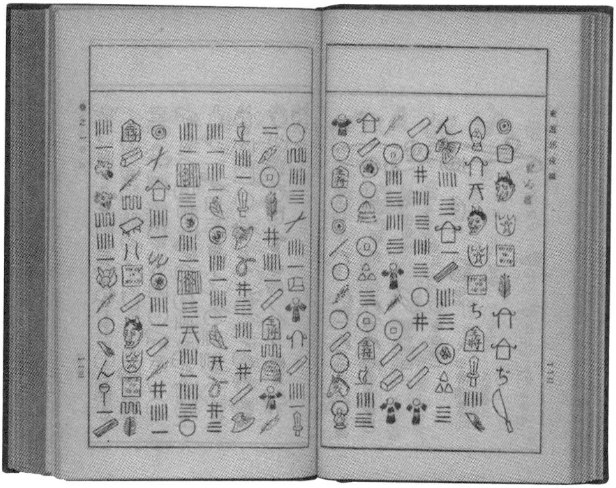

這是江戶時代寫成的繪心經。有種一邊解謎，一邊誦經的趣味。

大本的存在以及時代背景都是線索

雖然般若心經從頭到尾都是禱詞，但是**隨著聲韻念誦**可說是非常重要的一環。不過，若能更正確地了解意思，應該就能進一步體會般若心經的內容，誦讀時才能得到不同的啟發。

所以本書將一邊對照梵語（部分為巴利語）原典，一邊說明般若心經的意思。

此外，般若心經還有尚未普及的「大本」版本。一般的般若心經稱為小本，而參雜著前提、狀況說明與結果這類內容，字數更多的版本稱為大本。參考大本的內容也能進一步了解般若心經，所以本書也會提及大本的內容。

在佛教史之中，般若心經也是占有一席之地的經典。第2章會進一步介紹的是，鑽研釋迦言行寫成的佛典，並將這種研究視為修行的小乘佛教（或稱部派佛教、上座部佛教）。

反之，「以所有人都能得到救贖與成佛契機」為宗旨的是大乘佛教，而**般若心經則是讚揚大乘佛教這種觀念的經典**。只要具備這些背景知識，應該就能進一步了解般若心經了。

佛教的傳播方式

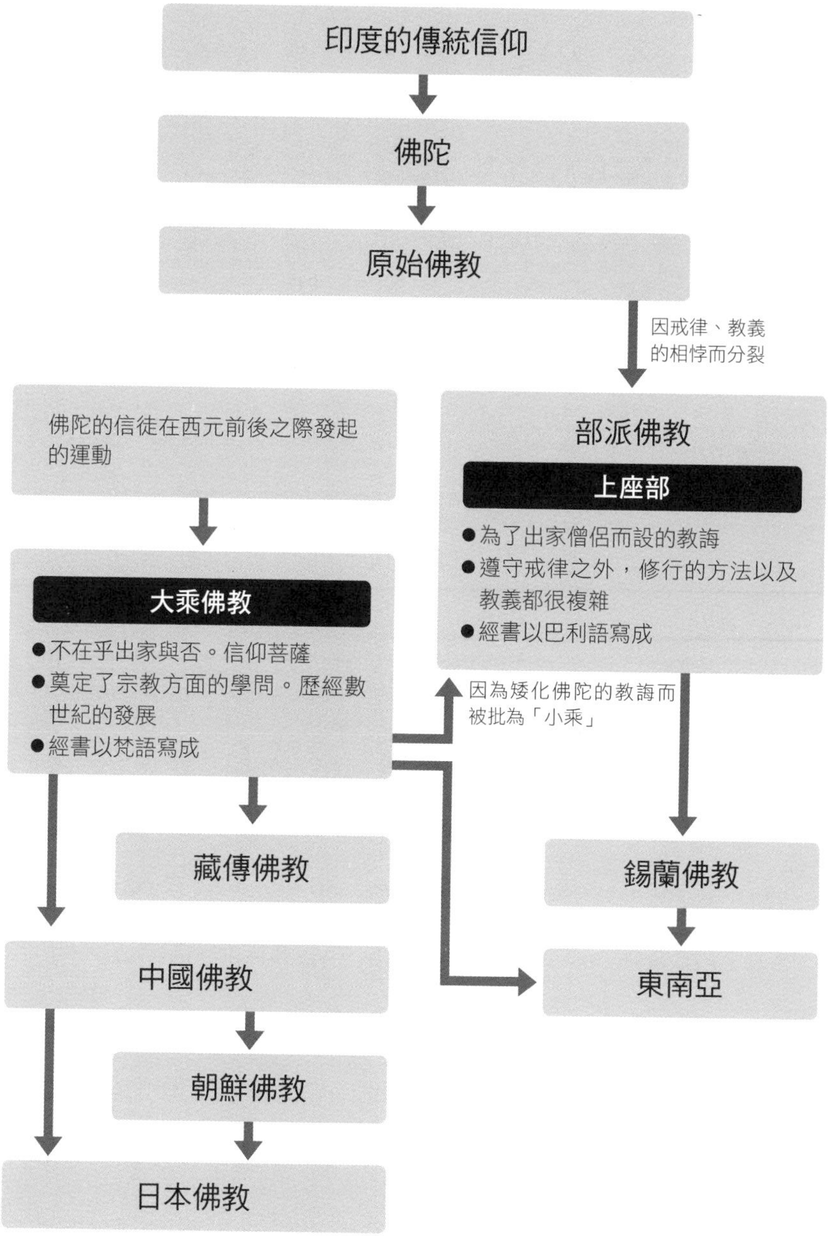
印度的傳統信仰
佛陀
原始佛教
因戒律、教義的相悖而分裂
佛陀的信徒在西元前後之際發起的運動
部派佛教
上座部
●為了出家僧侶而設的教誨
●遵守戒律之外，修行的方法以及教義都很複雜
●經書以巴利語寫成
大乘佛教
●不在乎出家與否。信仰菩薩
●奠定了宗教方面的學問。歷經數世紀的發展
●經書以梵語寫成
因為矮化佛陀的教誨而被批為「小乘」
藏傳佛教
錫蘭佛教
中國佛教
東南亞
朝鮮佛教
日本佛教

親近般若心經的方法

親近般若心經的方法與親近其他經典的方法一樣，就是**頌讀與寫經**（抄經）。由於般若心經僅有262個字，所以就算是不熟悉般若心經的人也能頌讀與寫經，尤其對初學者更是適合。

在不斷頌讀與寫經的過程中，往往可以發現新的意思，也能察覺內在的自己。般若心經就是一部如此深奧的經典。

本書會在卷尾介紹具體的讀經方法，所以僅在此介紹一些基本的注意事項。

基本上，般若心經與其出處的般若經的教義不屬於任何一個宗派，也已於各宗各派普及。

不過，**淨土宗、淨土真宗因為廢止了自力行（否定以一己之力悟道），所以不會誦讀般若心經，而日蓮宗則因為以「法華教」為第一優先，所以也不會誦讀般若心經**，當然也不會要求所屬的檀家（供養寺院的施主或信徒）誦讀般若心經。如果真的想誦讀，以不出聲的方式為主。

讀經時，必須先心存崇敬，並在洗手漱口之後開始。若打算在家讀經，最適合的方式就是面向佛壇，但如果家中未設佛壇，則可選在清淨之處進行，不然也可以擺一張喜歡的佛像的照片，對佛像獻花之後再開始讀經。

寫經則可選在安靜清潔的場所。透過洗手與漱口的儀式讓內心沉澱之後，便可開始抄寫經書。

抄寫經書的道具

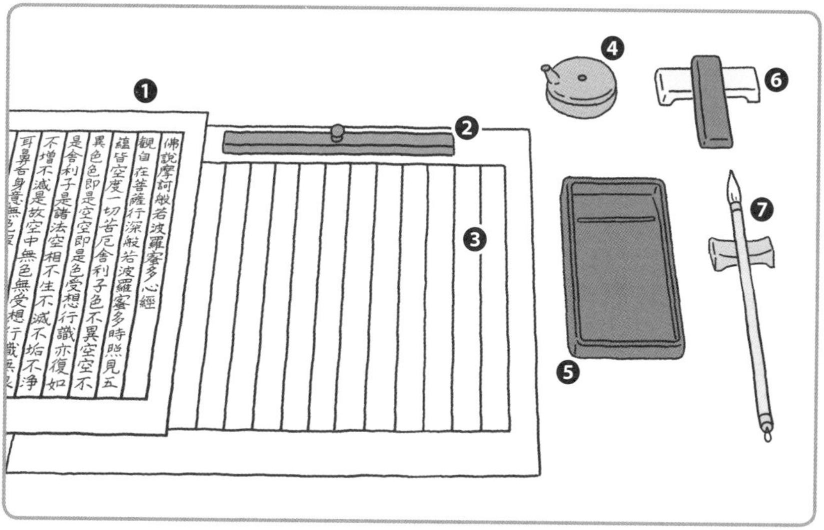

❶ 範本　　❹ 硯滴　　❼ 毛筆、筆座

❷ 文鎮　　❺ 硯台

❸ 抄經用紙　　❻ 墨、墨台

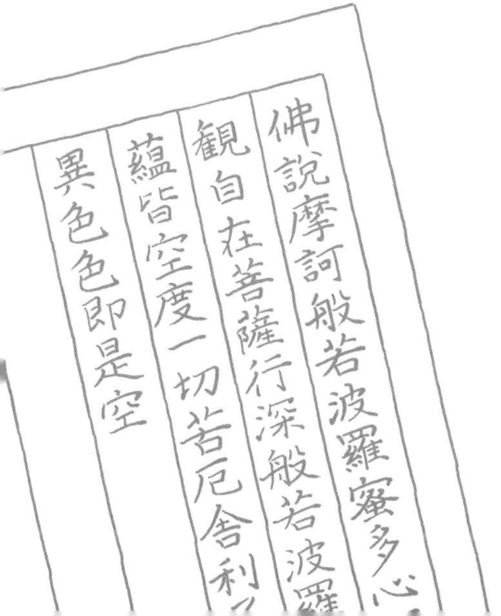

般若心經到底在說什麼？

就算是第一次閱讀般若心經，或是不了解般若心經內容的人，應該第一眼就會發現般若心經出現了很多次「空、無、不」這些字。

所以有些人因此覺得般若心經「很負面，又很悲觀」。

這些字眼的個別意思會於第2章解說，而在第1章的尾聲，要先告訴大家為什麼般若心經會出現這麼多看似否定的字眼。

在總字數僅262個字的般若心經之中，「無」出現了21次，「不」出現了9次，「空」出現了7次。

若說這些字眼否定了什麼，其實這些字眼就是佛教基本教義。經書原本就是根據釋迦牟尼的言行寫成，所以這些字眼當然不可能否定佛教的所有教義。那麼這些字眼的意思到底是什麼呢？

基本教義固然重要，但若是打個比喻形容，基本教義就像是跳遠所需的跳台。真正的目的是跳遠，跳台不過是為了跳遠的道具而已。

要想跳遠，就非得跳出跳台不可。

換言之，「跳台固然重要，但跳遠時，必須跳離跳台不可」，所以乍看之下，般若心經才會出現這麼多看似否定的字眼。

「般若心經」的意思是……

這是釋迦牟尼的教誨，是闡述般若波羅蜜多之心（真言）的經書。

觀自在菩薩（觀世音菩薩、觀音大士）在實踐深奧的般若波羅蜜多修行之際，參透了五蘊存在的事實，也知道五蘊為自性空。

想度一切苦厄的舍利子啊，色即是空，空即是色，換言之，色就是空，空也是色，而且受、想、行、識皆是如此。

舍利子啊（在這裡）存在的所有事物都具有空性，無生也無滅，沒有汙穢，也沒有遠離汙穢這件事，沒有不足，也沒有滿足。

是故，（舍利子啊）在空性之中，無色、無受、無想、無行，也無識，更沒有眼耳鼻舌身意與色聲香味觸法。從眼界到意識界皆無。無無明（無明知），亦無無明盡（無明亦無盡）。沒有老死，也沒有老死之前的苦痛，也沒有苦、集、滅、道，沒有可知的事，也沒有收穫。

（是故）這裡什麼也沒有，菩薩是以（菩薩的）般若波羅蜜多，心裡沒有任何阻礙地住在這裡。因為心裡沒有任何阻礙，所以沒有恐懼，也超越了將沒有的東西視為存在的看法，進入完全開放的境界。於過去、現在、未來這三世出現的所有佛都以般若波羅蜜多為依據，成就至高無上的完全開悟。

是故，一定要知道般若波羅蜜多。般若波羅蜜多是偉大的曼陀羅，是偉大而明知的曼陀羅，是至高無上的曼陀羅，是無可比擬的曼陀羅，是能平一切痛苦的真言，這是真實的，沒有半點虛妄之處。

於般若波羅蜜多修行念誦的曼陀羅如下（也就是說，曼陀羅有下列這些）——

揭諦揭諦、揭諦揭諦、波羅揭諦、波羅僧揭諦、菩提娑婆賀。

以上就是般若波羅多的曼陀羅。

反過來說，般若心經否定的部分都是必要的部分，也是不可或缺的部分。

為了幫助人們昇華與提升自己，般若心經才否定這些部分。

前面提過，般若心經是闡述禱詞（真言）的經書。

既然是觀音大士傳授的真言，所以經書本身就是禱詞。

簡單來說，擁有這種雙重構造的般若心經就是要人們「誠心祈禱」。不管立身之處為何，也不管修行到何種地步，只要念誦般若心經，般若心經都會提醒誦經者「將目標放在更高之處」。

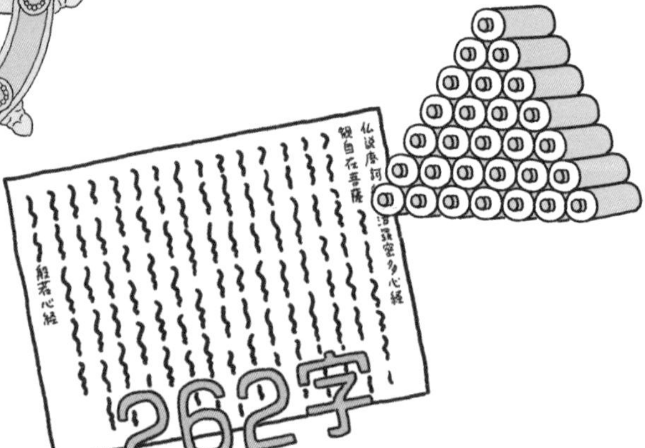

第2章 了解般若心經的教誨

經題（經書的標題）

佛說摩訶般若波羅蜜多心經

經文

佛說摩訶般若波羅蜜多心經

意思

這是闡述釋迦言行與般若波羅蜜多心（真言）的經書

第一行是經題，也就是經書的標題。其實般若心經的梵語原本沒有標題。印度的古代經典都不會附上標題，通常只會在最後標記「以上為～」，所以嚴格來說，這部分才是標題。

般若心經原本的最後則是「以上為『般若波羅蜜多心』」，所以將這個部分搬到開頭，就成了經書的標題。有些流布本的標題是「般若心經」或是「心經」。

「心」的意思是「曼陀羅」（真言）

真言宗的內規是在標題的開頭加上「佛說摩訶」。佛說的意思是「釋迦牟尼的教誨」，而摩訶有「大」的意思，而「佛說摩訶」則是強調「般若波羅蜜多心」有多麼偉大的形容詞。

「（偉大的）般若波羅蜜多心」的般若是智慧的意思，而波羅蜜多有完成（成就）的意思，所以「般若波羅蜜多心」可譯

＊「般若心經」的全文將載於卷末（124～125頁）。建議大家一邊對照，一邊閱讀本書的解說。

【「念珠」是源自曼陀羅修行的道具】

這是古代佛教遺跡阿旃陀石窟的壁畫。可以發現圖中的菩薩正利用念珠計算念誦曼陀羅的次數。

成「智慧完成的心」。之所以會以音譯的方式翻譯，是因為用來形容「心」的「智慧」與「完成」是固有名詞，所以才直接讀成「**般若波羅蜜多心**」。

其中的「心」並非心情或是精髓的意思，而是「心咒」的意思。「咒」這個字也於般若心經的內文出現。咒是呪的異體字，在般若心經之中，並非詛咒的意思，而是「曼陀羅」的漢字翻譯。曼陀羅的意思是「禱詞」，而現代通常譯為「真言」。曼陀羅這個詞彙在玄奘的時代還沒有正式的譯詞，所以才會翻成「咒」或是「心咒」這類譯詞。

換言之，這個經題的意思就是般若波羅蜜多心經是「闡述般若波羅蜜多的曼陀羅（真言）」的經書。

雖然是「釋迦牟尼的教誨」，卻是由觀音大士傳誦

觀自在菩薩

許多人都覺得經書的內容很艱澀，但其實不管是哪種經書，都像是**一幕幕的連續劇**。

其實般若心經也像連續劇，但略有特殊之處，因為般若心經沒有連續劇的舞台或背景設定，直接從核心部分開始，所以才能以短短的兩百多字闡述深遠的意義。若想進一步了解般若心經的意思，最好先知道這個前提。

般若心經有一段被省略的前段

其實玄奘譯本的般若心經是只有核心部分的「小本」，另外還有附帶前段與後段的般若心經，而這種般若心經又被稱為「大本」。大本的般若心經在一開始描述了下列的場景。

釋迦牟尼端坐於靈鷲山山頂，底下的聽眾正等待著釋迦牟尼講經說法，但進入瞑想的釋迦牟尼遲遲未開口。

經文

觀自在菩薩…

意思

觀自在菩薩（觀世音菩薩、觀音大士）說…

【大本般若心經前段的內容】

❶ 釋迦牟尼登場

如是我聞。

某時，許多釋迦牟尼的弟子紛紛來到靈鷲山，但不巧的是，釋迦牟尼正進入深層的瞑想。

→

❷ 觀自在菩薩的登場

正當此時，觀自在菩薩這位優秀的菩薩正在實踐難以參透的般若波羅蜜多修行，因而進入五蘊皆空的境界。

↙

❸ 舍利子的提問

此時，長老的舍利子施展神通，向觀自在菩薩提出下列的問題：「如果優秀的人想要進行難以參透的般若波羅蜜多修行，該怎麼做才對？」

→

❹ 觀自在菩薩開始解釋

於是觀自在菩薩如此回答舍利子。「請參透五蘊，以及五蘊皆空的意義」。

於是聽眾之一的觀自在菩薩便像是對釋迦牟尼的瞑想有所感應般，也進入瞑想。小本的般若心經就是從這個部分開始。觀自在也稱為觀世音或觀音，大部分的人也比較知道觀世音與觀音這個名字。雖然觀世音或觀音這個名字在玄奘的時代就已經非常普及，但玄奘刻意譯為觀自在這個名字。

在佛教史上，最得信眾歡迎的菩薩就是觀音菩薩，但在般若心經之中，觀音菩薩只是一位尚未出家的求道者（菩薩本來就是「求道者」的意思）。

雖然般若心經的傳述者是觀自在菩薩，但引導狀況的是釋迦牟尼，所以實質上是佛陀的教誨，也就是「釋迦牟尼所說的話」，而「觀自在」這個傳述者的名字也與接下來的劇情發展息息相關。

在觀音大士進行深層修行時發生的事

行深般若波羅蜜多時

經文

行深般若波羅蜜多時

意思

正在實踐難以參透的般若波羅蜜多修行的時候

觀自在菩薩像是受到釋迦牟尼的引領一般，與釋迦牟尼一同進入瞑想的境界。這就是難以參透的「般若波羅蜜多修行」。「正在進行這種深奧的修行」就是這句經文的意思。

雖然就字面解釋的話，只有這個意思，但後續的部分（照見＝詳察）卻說明了於此時發生的事情。意思是，**在這次瞑想的過程中，觀自在菩薩完成了某種修行**。

抵達「一望無際的高處」

觀自在菩薩抵達了「能一望無際的高處」，這也是「觀自在」這個名字象徵的終點。

在大本的般若心經之中，後續出現了舍利子這位釋迦牟尼的弟子提出「你看到的光景又是什麼？」這個問題的場景。舍利子是釋迦牟尼的一號弟子，在般若心經之中，扮演向觀自在菩薩

【將佛教境界比喻為四層樓建築的示意圖】

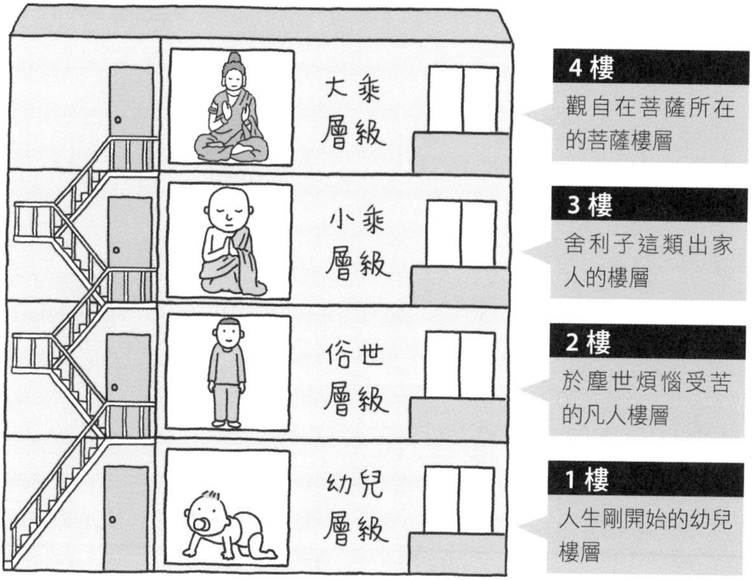

提問的角色。

到底觀自在菩薩抵達了何種境地？這部分會透過般若心經後續的內容說明，但在此先以四層樓建築比喻。

觀自在菩薩抵達的境界就是這棟建築物的最上層，也就是從四樓眺望的高度。舍利子位於三樓，一般的成人位於二樓，尚未擁有完整人格的幼兒則位於一樓。簡單來說，觀自在菩薩看到了一至三樓的人看不到的風景。後續的經文則要開始說明這個風景。後面還會出現這四層樓建築的比喻，所以請大家先記在心裡。

參透「吾身即五蘊」「五蘊盡是空」

照見五蘊皆空

許多宗教或哲學都有「探尋自我」這個根本的議題。到底「我」是什麼？這是一個看似不需多做解釋，卻又難以回答的大哉問。之所以不需多做解釋，是因為我們通常不會混淆自己與別人。到底「我就是我的根據」在哪裡呢？

「五蘊」正是這個根據。蘊這個字的解釋有很多，「累積、深奧」也都是這個字的意思，而在佛教的世界裡，「蘊」被視為組成「我」這個主體的基本元素。

在最高樓層才看得到的「一切皆空」

觀自在菩薩認為，我們之所以是我們，在於有「身體」、「感覺」、「想像」、「深層意識」與「判斷」。這就是**所謂的五蘊，而在般若心經稱為「色」、「受」、「想」、「行」、「識」**。

經文

照見五蘊皆空

意思

參透五蘊，而且五蘊都是自性空

【為了看透自己的五蘊皆空】

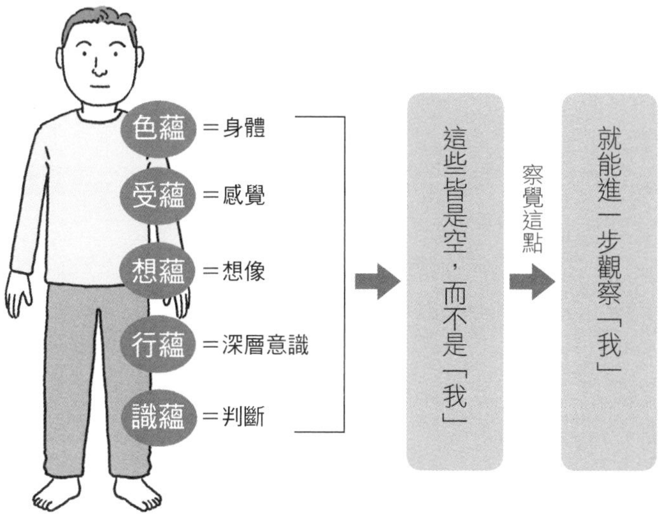
色蘊 ＝身體
受蘊 ＝感覺
想蘊 ＝想像
行蘊 ＝深層意識
識蘊 ＝判斷
這些皆是空，而不是「我」
察覺這點
就能進一步觀察「我」

觀自在菩薩並非否定自己的主體性，而是在傳授正確觀察自己的方法。

至於「五蘊皆空」就是「組成自己的五蘊盡是空」的意思。不過若從原典解釋的話，第一步是先參透「吾身即五蘊」，之後才是參透「五蘊皆是空」。這兩種說法看似相同，但其實完全不同。

若以剛剛的四層樓建築比喻，「吾身即五蘊」只抵達舍利子的所在樓層，只有往上再爬一層，才能看到「五蘊皆空」的風景。

「空」在般若心經與佛教是非常重要的詞彙，本書也會在後續的章節進一步解釋，但現在大家只需要先記住，「空」並非「虛無」這種否定或消極的詞，而是無限肯定與積極的詞彙。

讓每個人從所有的苦難中解放

度一切苦厄

在所有現存的梵語原典以及玄奘之後的中譯文本裡，都沒有「度一切苦厄」這個部分，只有玄奘以及之前的鳩摩羅什的譯本才有。

或許是因為在譯成中文時，為了強調最後的「能除一切苦」才在這裡插入這句話。這句話的確強調出這個意思，也傳遞了重大訊息。

從「苦＝未能得償所願」之中解放

與「諸行無常（所有事物都不斷流動與變化）」並重，**佛教基本命題就是「一切皆苦」**。這裡說的「苦」並非「快樂」的反義詞——「痛苦」，而是「未能得償所願」的意思。

「生老病死」這四種基本的痛苦稱為「四苦」，若加上與心愛的人分離的苦（愛別離苦）、遇見憎恨的人的苦（怨憎會

經文

度一切苦厄

意思

度眾生脫離一切苦厄

【未能得償所願的四苦八苦】

八苦

四苦

- **生苦**：出生之苦
- **老苦**：年老之苦
- **病苦**：生病之苦
- **死苦**：必須面對死亡之苦

《人類最根本的痛苦》

- **愛別離苦**：與心愛的人分離的苦
- **怨憎會苦**：必須與憎恨的人見面的苦
- **求不得苦**：求而求不得之苦
- **五取蘊苦**：肉體與精神（五蘊）未能如願之苦

《活著承受的精神痛苦》

苦）、「求而求不得之苦」（求不得苦）「假設人類是由五種元素（五蘊）組成，卻無法展現這些本質的苦（五取蘊苦）」，就稱為「八苦」。

觀自在菩薩就是度眾生脫離上述這些苦。這裡的「度」有「從某事某物解放」的意思。

「在看到何種風景之後，才能從一切的苦脫離呢？」

「該怎麼做，才能脫離一切的苦呢？」

應該每個人都會想這麼問吧？而在大本的般若心經之中，就是由舍利子代表發問。

後續就是觀自在菩薩的回答。

舍利子

一邊呼喚舍利子的名字，一邊回答問題

舍利子的梵語發音為（Śāriputra），是「名為舍利的頭號弟子」之一。他是釋迦牟尼十大弟子之首，也是享有「智慧第一」美譽的人物。

在般若心經之中，舍利子被定位為受觀自在菩薩教導的對象。這樣的設定有什麼涵義呢？

以小乘佛教的代表之姿登場

對印度傳統的（正覺的）哲學而言，佛教是巨大的異端。

相對於「有我說」這種將自己與形體與感覺這類屬性分離的傳統哲學，佛教提倡的是「自己可分解成五蘊」的「無我說」。

不過，明明有一切盡在法（Dharma，後述）之中產生，而且沒有實體的「諸法無我」這個教義，卻有人因為過於熱心鑽研「法」而走火入魔。

經文

舍利子

意思

舍利子啊

【部派佛教（小乘佛教）與大乘佛教的差異」】

部派佛教

釋迦牟尼入滅後，教團之中出現了不同的派系，也出現了所謂的部派佛教。各派都非常排他。從大乘佛教的立場來看，這是企圖以自己定義的狹隘教義悟道的行為。

因為是小型的乘坐工具所以稱為「小乘」

大乘佛教

西元前一世紀左右，信眾發動了佛教復興運動，提倡「不出家，所有人也能得救」的概念，也提倡拯救眾生的菩薩以及活在現世的智慧。

因為是大型的乘坐工具所以稱為「大乘」

這種走火入魔的現象被批為「小乘」（小型的交通工具），而在小乘之上的觀點便是大乘佛教，強調大乘佛教如此宏大的經典便是般若心經。

其實抵達諸法無我的境界也是非常偉大的事，而抵達這種境界的舍利子也以小乘佛教的代表在般若心經登場。若以先前的建築物比喻，那就是觀自在菩薩正對人在三樓的舍利子說「上面還有一層樓喲，可以看到如此風景喲」。

這其實也是對只能活在當下的我們的呼喚。

接著就透過觀自在菩薩的話闡述這件事。

「所有的物質都是空」到底是什麼意思？

色不異空

經文

色不異空

意思

色與空性無異

在般若心經之中，觀自在菩薩總共喚了「舍利子啊」三次。漢譯省略了最後的呼喚，但在原典的確是呼喚了三次，所以傳授的內容也可分成三大部分。

最初的部分是**觀自在菩薩對於「五蘊皆空」的說明**。所謂的五蘊就是先前提到的「色」、「受」、「想」、「行」、「識」，而觀自在菩薩以比喻的方式說明這一切都是「空」。

誇張的說明未表達真正的意義

觀自在菩薩先提到參透了「吾身由五蘊組成」，接著又提到祂參透了「這五蘊皆是空」。這裡所謂的「色」，就是組成「吾身」的元素之一，也就是「屬物質的身體」，也泛指整個物質界。

我們所見的一切都可稱為「色」，而這些物質「除了是空

【智慧第一的佛陀弟子・舍利子的生涯】

誕生
於婆羅門階級的家庭中誕生。

↓

努力學習
從小就努力讀書，師從思想家刪闍夜[*1]。

↓

遇見佛教
從阿說示[*2]聽到釋迦牟尼的部分教誨後，立刻心領神會。

→

皈依佛教
與250位弟子拜入釋迦牟尼門下。

↓

成為十大弟子
將釋迦牟尼的教誨整理成一套理論，也被視為釋迦牟尼的繼承者。

↓

死去
因病臥床，比釋迦牟尼還早離世。

＊1：全名為刪闍夜・毗羅胝子，是公元前5世紀印度沙門思潮時期哲學家。
＊2：阿說示，是釋迦牟尼佛弟子，為五比丘之一。

之外，別無其他」，換言之觀自在菩薩的意思是「色＝所有物質＝空」。

大部分的人聽到「空」都會想到「無」，但如此一來，就會解釋成「所有的物質都是無」，反而讓人無法了解這句話的意思。

有些解說般若心經的書籍會以「若覺得物質存在，它就存在；若覺得物質不存在，它就不存在」這種誇張的方式說明，但實際的意思並非如此。

要了解這句話的關鍵字在於右頁「意思」之處提及的「空性」。

空不異色

「色不異空」倒過來說，就是這裡的「空不異色」。觀自在菩薩在說完所有的物質與「空」無異（相同）之後，為了進一步說明，又提到「空」與所有的物質無異（相同），這似乎讓人越聽越困惑。

將「空」比喻成「無」，正是讓人感到困惑的根源，因為「空」並非「無」。

空性是「有空間」的意思

假設你眼前有一個沒裝水的杯子，此時這個杯子是「空的」，但不代表「沒有（無）這個杯子」。「杯子是空的」與「沒有杯子」是兩回事。

這就是空與無的差異。在印度，會將杯子裡面沒有水這件事形容成「杯子裡面無水」。

經文

空不異色

意思

空性與色無異

【闡述「空」為何物的般若經典】

闡述大乘佛教基本思想──「空」為何物──的經典，就是般若經典，而從中擷取精華的經典就是般若心經。

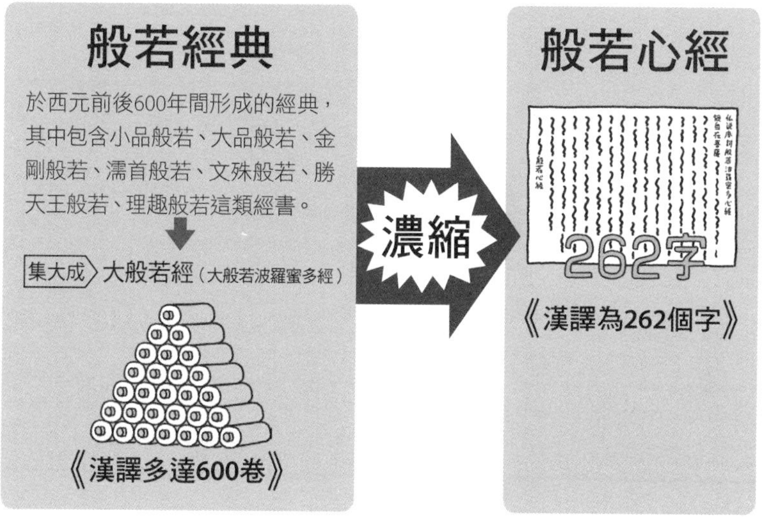
般若經典
於西元前後600年間形成的經典，其中包含小品般若、大品般若、金剛般若、濡首般若、文殊般若、勝天王般若、理趣般若這類經書。
集大成
大般若經（大般若波羅蜜多經）
《漢譯多達600卷》
濃縮
般若心經
262字
《漢譯為262個字》

如果杯子裡面有水，那麼杯子就是「水的場所」，如果杯子裡面沒水，那麼杯子就是「沒有水的場所」，換言之，這個「沒有○○的場所」就是「空」。

「杯子是空的」代表杯子有「空」這個性質，而這個性質又稱為「空性」，所以可說成「空的杯子有空性」。其實若根據原典解釋，般若心經裡的「空」就是所謂的「空性」。

其實我們可將空性想像成「空間」，而「空的杯子有空間」，這種說法也應該比較容易了解。

如此一來，這部分的意思就是「物質界有空間」。雖然這種解釋還是有點難以理解，不過請大家先想像觀自在菩薩從四樓看到的風景，繼續閱讀後續的經文。

佛教最特別的概念就是「空」

色即是空

「色即是空」是眾所皆知的詞彙，就算是對佛教沒興趣的人，應該也都聽過才對。

這句話是非常具有存在感的金句，**但在般若心經之中，不過是前面的「五蘊皆空」的補述**，而且就意思來看，只是在強調前面的「色不異空、空不異色」，重述「色等於空」這個意思而已。

不過從一再複述這點來看，不難發現「空」這個概念有多麼重要。讓我們繼續說明「空」這個概念。

因為有空間，所以水才能進入，兩者是密不可分的

在印度的宗教史之中，佛教的「空」是最為獨特的概念。其實「空」在印度是四處可見的詞彙，印度人也是從這個詞彙導

經文

色即是空

意思

色也就是空

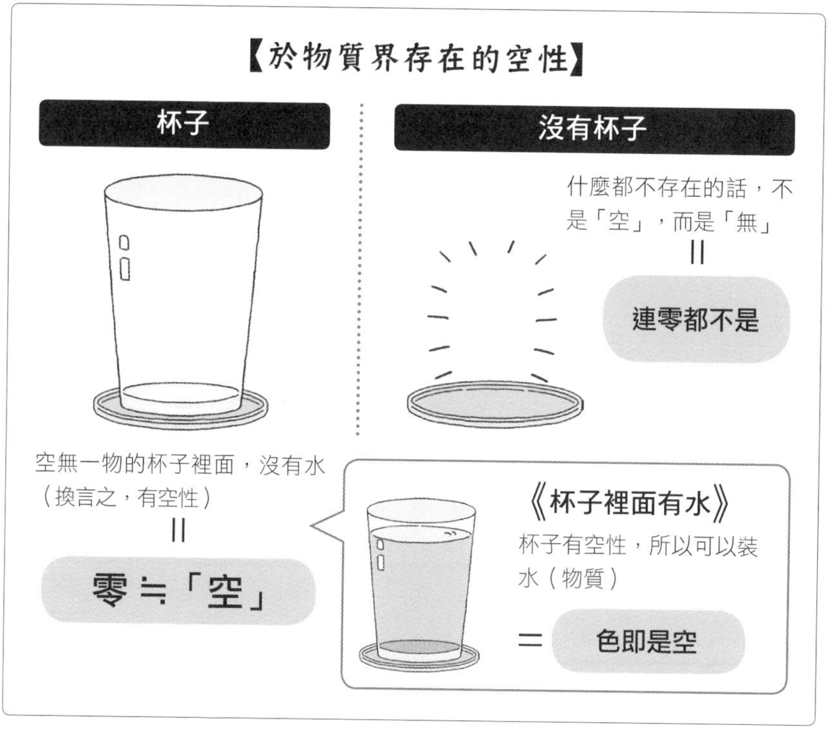
【於物質界存在的空性】
杯子
沒有杯子
什麼都不存在的話，不是「空」，而是「無」
＝
連零都不是
空無一物的杯子裡面，沒有水（換言之，有空性）
＝
零≒「空」
《杯子裡面有水》
杯子有空性，所以可以裝水（物質）
＝
色即是空

出被譽為數學有史以來最大發現的數字「零」。另一方面，印度佛教也將「空」視為瞑想的極地。

前一節提到「空就是空性（空這個性質）」，也提到可將「空」視為「空間」，那麼「色（所有的物質）＝空間」又是什麼意思呢？

若沿用前面的比喻，那就是杯子若無空性（空間），就沒有水能夠進入的餘地，所以在杯子之中，水與空性是密不可分的關係。

因此，**沒有空性就沒有水，而沒有水，空性就毫無意義可言**。能正確描述物質與空性的相關性的正是「色即是空」這句話。

每一層樓都有不同的風景

空即是色

經文

空即是色

意思

空也就是色

「空即是色」就是「色即是空」倒過來說的句子，這點應該不需多做解釋對吧。簡單來說，這句話的意思就是「杯子裡面若沒有空間，水就無法於杯子之中存在。反之，如果沒有裝水（或是其他東西），空間就毫無意義可言。這意味著，**任何具有形體之物都與空性（空間）密不可分**」

讓我們進一步思考這到底是什麼意思。

對自己的執著是「痛苦」的根源

在般若心經之中，抵達建築物最上層（四樓）的觀自在菩薩以比喻的方式說明自己看到了什麼風景，而這棟建築物正是「我們」自己。

一樓是自我還沒形成的「幼兒」樓層。二樓則是自我已經形成的普通大人樓層，也就是所謂的「俗世」樓層。三樓是小乘

【每一層樓的自我形態】

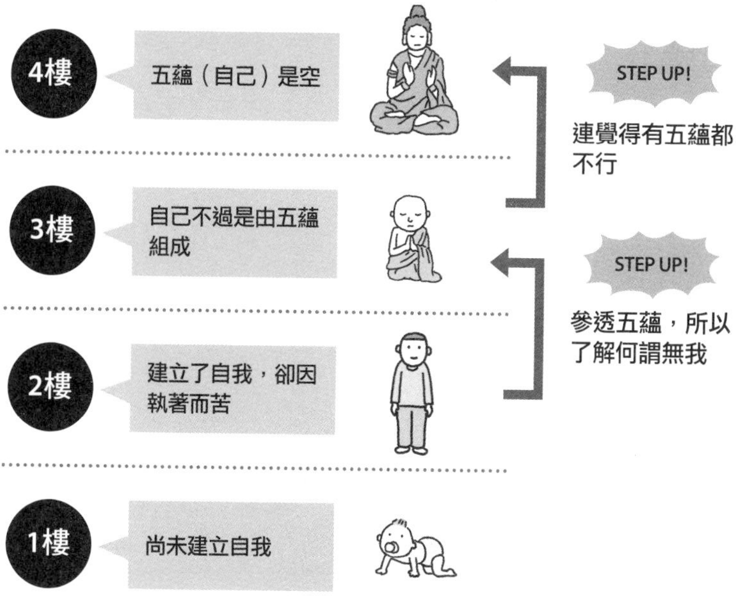
4樓
五蘊（自己）是空
STEP UP!
連覺得有五蘊都不行
3樓
自己不過是由五蘊組成
STEP UP!
參透五蘊，所以了解何謂無我
2樓
建立了自我，卻因執著而苦
1樓
尚未建立自我

佛教的樓層，也是舍利子的樓層。最後的四樓則是觀自在菩薩抵達的樓層，屬於大乘佛教的樓層。

對眾生來說，「建立自我」是非常重要的事，但是當眾生抵達二樓，就會出現「對自我的執著」，「苦」便隨之而生。三樓則是「明白自我不過是由五蘊組成」的樓層。

至於更上一層樓的四樓則可看到「連五蘊都只是空（空性、空間）」的風景。「色即是空」這個知名的部分就是在描述這個風景。

不過，般若心經並未否定從一樓、二樓、三樓看到的風景，因為沒有下方的樓層，就沒有上方的樓層，所以**每一層樓都有自己的風景，眾生只能一層一層往上爬**。

精神世界的元素全部一樣

受想行識 亦復如是

經文

受想行識
亦復如是

意思

至於受、想、行、識也都一樣

這句話的意思是「對於『色』的解釋，一樣能套用在『受、想、行、識』」硬要寫得更直白的話，可寫成下列的內容。

「受不異空　空不異受　受即是空　空即是受」
「想不異空　空不異想　想即是空　空即是想」
「行不異空　空不異行　行即是空　空即是行」
「識不異空　空不異識　識即是空　空即是識」

沒有任何框架，正是「空」的本義

在前面關於五蘊的說明提到，每個人都是由「身體」、「感覺」、「想像」、「深層意識」、「判斷」這五個元素構成，這五個元素在般若心經之中稱為「色、受、想、行、識」。之後又提到，「色」代表的是所有物質。受、想、行、識除了是

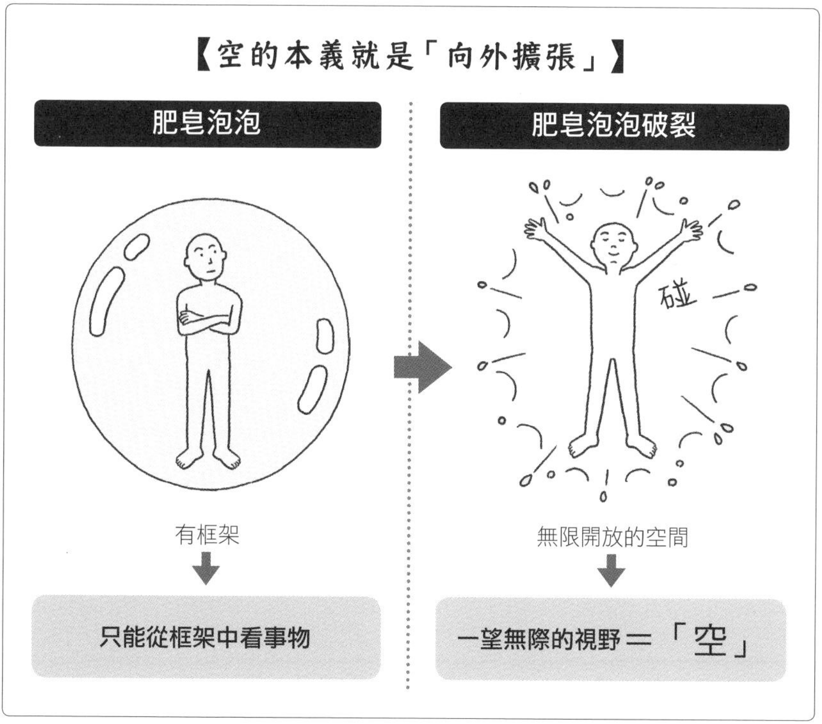

屬於自己的精神元素外，也是整個精神界的意思。

換言之，**肉眼可見與不可見的任何事物都是「空性」**。不過，這不代表自己或是世界是像杯子一般的容器，但其中空無一物的意思相同。在解釋「五蘊皆空」的時候曾經提過，原典在此多了「自性」這個詞，而所謂的自性就是「自體」之意。

這代表像透明杯子般，連杯緣都變成空性的狀態就是五蘊皆空的狀態。大家不妨想像成組成自己的各種元素像是肥皂泡泡般慢慢膨脹，最後破滅的情景。

所有的框架消失，並且無限延伸。這種「沒有框架」的概念正是「空」的精髓。

事物與事物之間存在的一切關聯，也是「空」

舍利子 是諸法空相

經文

舍利子
是諸法空相

意思

舍利子啊，
（在這裡）存在的所有事物
都有空性這個特徵

從這邊開始進入第二部分。

在這個部分出現了「諸法」這個字眼。不知道大家還記得嗎？「諸法」這個詞在觀自在菩薩最初呼喚舍利子的時候，有稍微提到。**「法」在佛教是非常重要的詞彙**，在般若心經也是關鍵字。

意思相當廣泛的法（Dharma）

「法」在梵語讀成「Dharma」，而Dharma是意思非常廣泛的字眼，除了漢譯之中的「法則」、「規範」之外，還有「正義」、「善」、「教誨」、「性質」以及各種意思等，而最原本的意思是「持續不變的事物」。此外，在印度的哲學用語之中，Dharma有「存在的事物」之意。

「正義」有持續不變，以及從存在之處誕生的語義。

【印度人口中的「Dharma」】

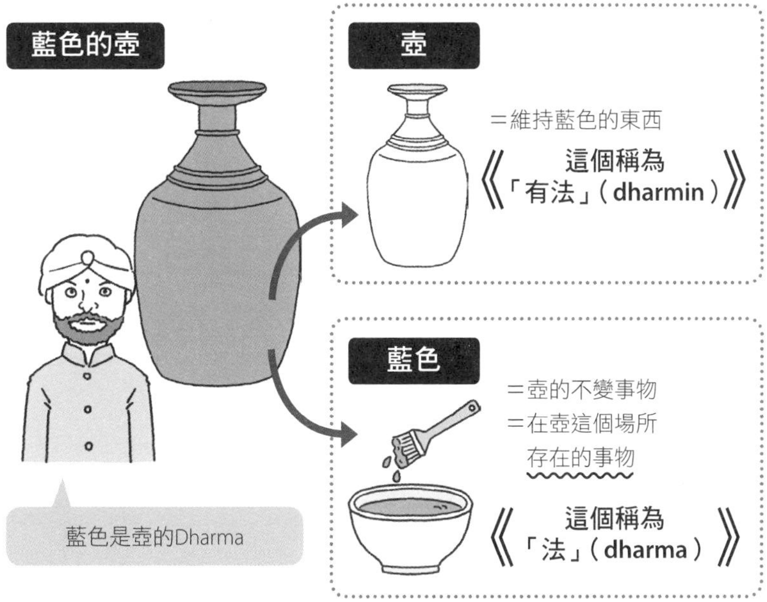
藍色的壺
壺
＝維持藍色的東西
《這個稱為「有法」（dharmin）》
藍色
＝壺的不變事物
＝在壺這個場所存在的事物
《這個稱為「法」（dharma）》
藍色是壺的Dharma

因此**諸法的根本意義就是「各種存在的事物」或是「存在的所有事物」**。

所謂的空相是指「具有空這項特徵」的意思。換言之，這句經文的意思是「所有存在的事物都具有空這項特徵」。

佛教的「法」也有釋迦牟尼在悟道之後闡釋的「事物相關性」的意思，此時的闡釋就是所謂的「講經說法」。

在最初呼喚舍利子的時候提到的「對諸法執著」就是對法過於執著，甚至認為法實際存在，換句話說，「諸法皆空相」也是對眾生的一種呼籲。

若根據字典解釋這句經文，就大錯特錯了

不生不滅

在接下來的般若心經中，會出現「六不（六個否定）」。第一個「不」就是「不生不滅」。如果照字面解釋，就是「不生與不滅」，換句話說就是「不會誕生，也不會死亡」。

這句經文在字典的解釋是「既不生也不滅的常住（永恆不變）」而從這個解釋又可引申為「永遠不變」的意思，但在般若心經的意思卻不是如此。

經文

不生不滅

意思

無生也無滅

只是在闡述無邊無際的展望

有些般若心經的解說書籍會將「不生不滅」解釋成「沒有開始，也沒有結束，永恆不變之物」。不過，這種解釋可說是與般若心經背道而馳，因為，「沒有永恆不變之物」才是般若心經最根本的觀點。

讓我們再以前面四層樓建築物的比喻說明吧。

【「沒有永遠的事物」──諸行無常的教誨】

佛教的根本思想

諸行無常

現世的任何事物都會因各種原因或條件而暫時存在，而且會不斷地改變。

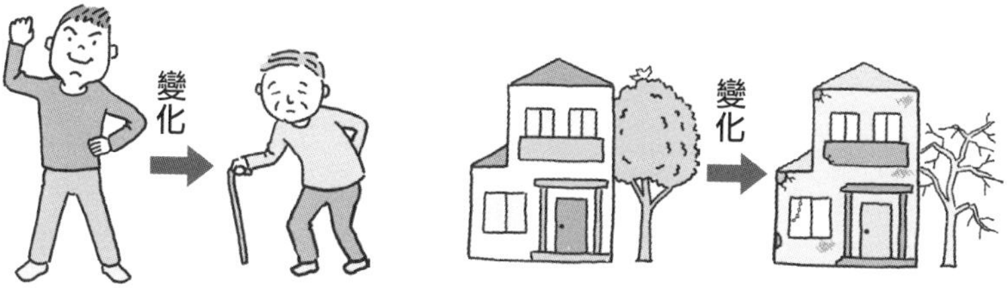

不管是人還是事物，都不會永恆不變。

若從二樓的塵世樓層望出去，這世上的一切，包含自己，當然有生也有滅。

若從三樓的樓層望出去，則會發現自己被分解，只剩下所謂的「諸法」，所以會有生與滅的是諸法。

但如果從四樓的樓層來看，就沒有所謂的生與滅。因為事物的框架已像是肥皂泡泡破滅般消失了。

這就是「不生不滅」的意思。

沒有所謂的永遠與永恆。這句經文只是在闡述無邊無際的展望而已。

不垢不淨

經文

不垢不淨

意思

沒有污穢，
也沒有淨化這回事

接下來的「六不」是「不垢不淨」。這句經文的意思是「沒有污穢，也沒有潔淨」。

從我們的日常生活或是常識來看，這是不可能發生的事。只要活著，就一定會沾染污垢，需藉由洗澡沐浴，讓自己變得潔淨。我們就是活在這樣的世界之中。但這句經文與不生不滅一樣，觀自在菩薩都是在說明「不會發生」的事。

不囿於自己與法的遠景

本書的四層樓建築物比喻其實源自某個佛傳浮雕圖。傳說中，鹿野苑（印度東北部）是釋迦牟尼首次講經說法之處，而剛剛提及的佛傳浮雕圖就收藏在此處的考古博物館。這張佛傳浮雕圖將**釋迦牟尼的誕生、修行、首次講經說法、入滅（死去）的過程畫成四層樓建築物的樣子**，所以才以這張佛傳浮雕圖為藍圖，將「我」比喻為四層樓建築物。

在這個四層樓建築物的二樓，也就是俗世樓層之中，當然會一直沾染污垢，也會不斷地潔淨自己。而在三樓的話，雖然自己會解體，但諸法仍然會沾染污垢，也會被淨化。

但是若從四樓來看，由於自我、諸法、框架都已經消失，所以**「再沒有污垢與淨化」**，而這就是這句經文的意思。

正因為有「自我」這個框架，所以苦由此生。就算能放下自我，一旦被「法」所困，就有可能忽略重要的事物。般若心經正不斷地提醒我們「上面還有一望無際的樓層喲！」

鹿野苑考古博物館的佛傳浮雕圖

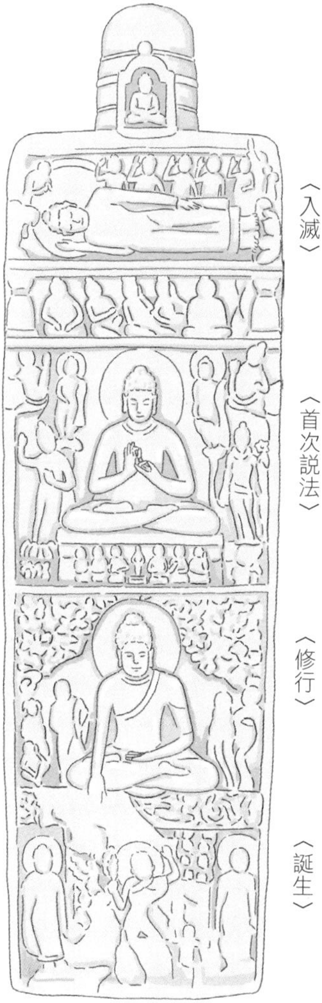

接收重大的訊息

不增不減

最後一個六不就是「不增不減」。意思是「不會增加，也不會減少」（不過，原典的順序是不減不增）。

有些般若心經的解說書籍解釋成「就算自己的金錢會有所增減，但是流通的金錢還是會維持固定的量，所以不需因為增減而忽喜忽憂」。不過，這充其量只是二樓的觀點。想必大家從之前的說明已經知道，這裡的**「不增不減」也是觀自在菩薩從四樓看出去的風景**。

問題在於「如何看待」既有的事物

由於般若心經可從不同的觀點解釋，所以也可能得出「不要對任何事物執著」這種警世訓誡，大部分解說般若心經的書籍也都作此解，但這種解釋充其量只停留在二樓的俗世層級而已。

經文

不增不減

意思

沒有不足，

也沒有滿足

【釋迦牟尼留下足跡的印度四大聖地】

藍毗尼「誕生之地」

據說用於接生釋迦的熱水就來自這個池子

菩提伽耶「悟道之地」

摩訶菩提寺建於此地

鹿野苑「首次說法之地」

直到十三世紀都非常興盛的僧院遺蹟

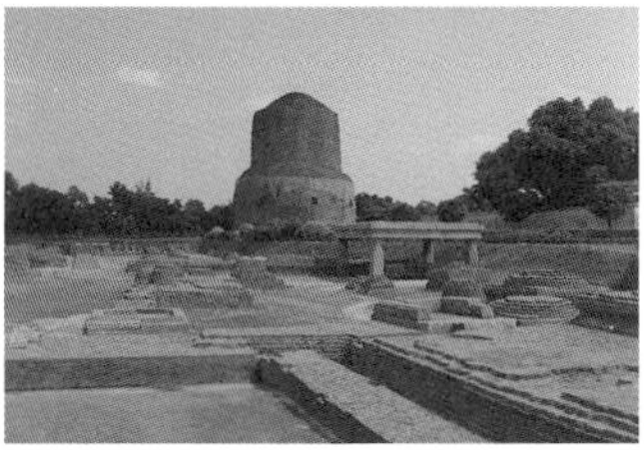

拘尸那揭羅「入滅之地」

涅槃寺

般若心經不斷地提醒眾生「上面還有三樓、四樓，要不要試著來到這一望無際的樓層呢？」

這部分的開頭是對舍利子的呼喚，但在原文之中，還有「在這裡」這句話。「這裡」指的是觀自在菩薩所在的四樓（或是次元）。希望大家能接受如此重大的訊息。

從四樓的觀點來看，在二樓與三樓不斷循環的「生滅垢淨增減」也會變成「不生不滅不垢不淨不增不減」。

不過，四樓也包含下面的樓層，所以自我與諸法並非消失，而是就在下方的樓層，所以真正的問題在於「如何看待」生滅垢淨增減，也就是觀點與視野的問題。

為什麼會出現一連串的「無」呢？

是故空中無色

漢譯雖然沒有提到舍利子，但其實觀自在菩薩在此喚了舍利子第三次。換言之，從這邊開始，是要傳授給舍利子的第三部分。

這部分的開頭提到「在空之中無色」。前面提過，「色」就是「自己的身體或是所有的物質」。

大部分的人讀到這裡應該都會覺得：「空蕩蕩的空間之中，當然沒有任何東西」，但「空中」到底是什麼意思呢？

逐一列出「無」的手法

在象徵「我」的建築物之中，觀自在菩薩正好位在拿掉自我與框架，一望無垠的四樓。

所謂的「在空中」，就是觀自在菩薩所說的「在四樓的視野之中」。

經文

是故空中無色

意思

是故，（舍利子啊）空性之中無色

【在內文出現21次的「無」】

佛說摩訶般若波羅蜜多心經
觀自在菩薩行深般若波羅蜜多時照見五
蘊皆空度一切苦厄舍利子色不異空空不
異色色即是空空即是色受想行識亦復如
是舍利子是諸法空相不生不滅不垢不淨
不增不減是故空中無色無受想行識無眼
耳鼻舌身意無色聲香味觸法無眼界乃至
無意識界無無明亦無無明盡乃至無老死
亦無老死盡無苦集滅道無智亦無得以無
所得故菩提薩埵依般若波羅蜜多故心無
罣礙無罣礙故無有恐怖遠離一切顛倒夢
想究竟涅槃三世諸佛依般若波羅蜜多故
得阿耨多羅三藐三菩提故知般若波羅蜜
多是大神咒是大明咒是無上咒是無等等
咒能除一切苦真實不虛故說般若波羅蜜
多咒即說咒曰
揭諦揭諦　波羅揭諦　波羅僧揭諦　菩提娑婆訶
般若心經

這麼多的「無」會讓人誤以為般若心經是一部充滿否定的經書，但其實這些「無」都是為了進一步說明「空」這個概念所需的字眼。

如此一來便可知道，**觀自在菩薩想要進一步說明，在第一部分提到的「色即是空」，以及在第二部分提到的「諸法空相」**。

到底該如何進一步說明呢？答案就是透過列出一個個「不存在的事物」的手法，所以後續才會出現一堆「無」。

在字數不過262個字的般若心經之中，光是「無」就出現了21次，而且幾乎都是用來說明這部分「不存在的事物」。

第一個不存在的事物就是「色（所有物質）」。接著讓我們繼續看看還有哪些「不存在的事物」。

以更深奧的智慧闡述出的視野

無受想行識

接下來就是一連串的「無」。

前面說明「空」的時候提過，「空不等於無」，但為什麼這部分會出現一連串的「無」呢？要理解這部分的關鍵，在於開頭的「空中」（在空之中）。

進一步解析「我」會發現「我」消失

前一節提到「空中」就是——「在觀自在菩薩所在之處的四樓望出去的視野」。

所謂的「無」，前提是要先「有（存在，曾經存在）」，因為本來就不存在的事物，連舉例都無法舉例。為了說明「二樓有日常的姿態」、「到了三樓之後，姿態雖然改變，但曾經存在」、「到了四樓之後，原本的姿態就變成空性，連框架都消失了」，所以先提到「空」，**之後再列出一連串「不存在的**

經文

無受想行識

意思

無受、無想、無行、也無識

【何謂「五蘊皆空」】

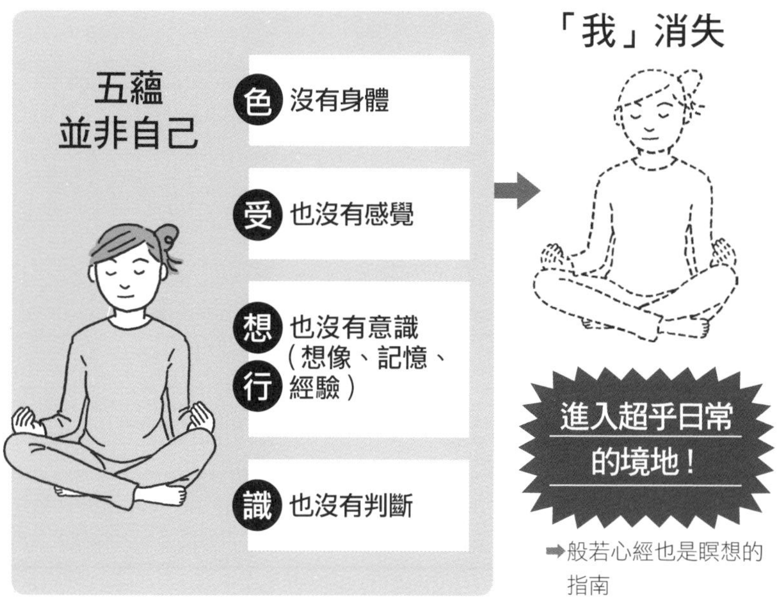
五蘊
並非自己
色 沒有身體
受 也沒有感覺
想 行 也沒有意識（想像、記憶、經驗）
識 也沒有判斷
「我」消失
進入超乎日常的境地！
➡般若心經也是瞑想的指南

事物」。

打開智慧之箱，發現裡面有深奧的智慧，接著再打開這個智慧的箱子，結果又發現更深奧的智慧，這一連串的說明就像是一種巢狀構造，而學習體會箇中的深度與高度的變化，也是般若心經的精彩之處。

這個部分再次提到五蘊這個框架的消失。五蘊是「我」之所以為「我」的根據，但是「我不是身體」，也不是「感覺」、「想像」、「深層意識」、「與判斷」。一旦進一步解析「我」，「我」將消失。

這就是潛藏在般若心經之中的視野。

沒有稱為六根的「六種感覺」

無眼耳鼻舌身意

經文

無眼耳鼻舌身意

意思

也沒有眼耳鼻舌身意

在釋迦牟尼入滅之後的一百多年，印度熱中於研究諸法。也就是尋找「『我』到底是什麼」這個問題的答案，而在分析「我」為何物之後，便得到「我」是「由各種元素組成的集合體」的結論。

一說認為，這些元素就是「五蘊」，但是也有研究學者認為「我」可以分析成「十二處」，而這十二個部分與般若心經的這段經文有著密切的關係。

將五感＋意識視為「我」存在的根據

若從梵語的原義解釋，「處」可解釋成「我存在的根據」。**十二處之中的六處是人類擁有的六種感官，其中包含「視覺、聽覺、嗅覺、味覺、解覺」這五感以及「意識」。**

這六種感官稱為六根，又稱為六內處。象徵六根的就是

【人類的六種器官=眼、耳、鼻、舌、身、意】

佛教認為，人類的六個器官（六根）就是讓人陷入迷惘的原因。爬山是為了淨化六根的修行。

「眼、耳、鼻、舌、身、意」這六個字。

順帶一提，有些修道者在登山的時候會念誦「六根清淨」，而這個詞的意思是讓這六根不再執著於各自的對象（所見、所聞），淨化六根的意思，也被認為是日文「どっこいしょ」的語源。

般若心經的這句經文直接地說，所謂的六根根本就「不存在」，但是未否定五感、與意識，也沒說眼睛、耳朵這些感官消失，主要是在說，雖然眾生對於組成「我」的六根非常執著，但在更高的層次之中，根本沒有所謂的六根，也沒有所謂的執著。

無色聲香味觸法

也沒有稱為六境的「六種對象」

一如前一節所述，眼（視覺）、耳（聽覺）、鼻（嗅覺）、舌（味覺）、身（觸覺）、意（意識）這六種感覺稱為六根或稱為六內處。

除了這六內處之外，**與六根對應的六個對象稱為六境或是六外處，相當於十二處剩下的六處。**

般若心經的這句經文則說明了這六境。

讓內心再次從名為自我的牢籠釋放

所謂的六境就是透過視覺接收的「形狀、色彩」，透過聽覺接受的「聲音」，透過嗅覺接收的「氣味與香味」，透過味覺接收的「味道」，透過觸覺接收的「感觸」，以及透過意識感受的「所有對象」。

象徵這六境的是「色、聲、香、味、觸、法」這六個字。

經文

無色聲香味觸法

意思

也沒有色聲香味觸法

【六根接收的對象稱為「六境」】

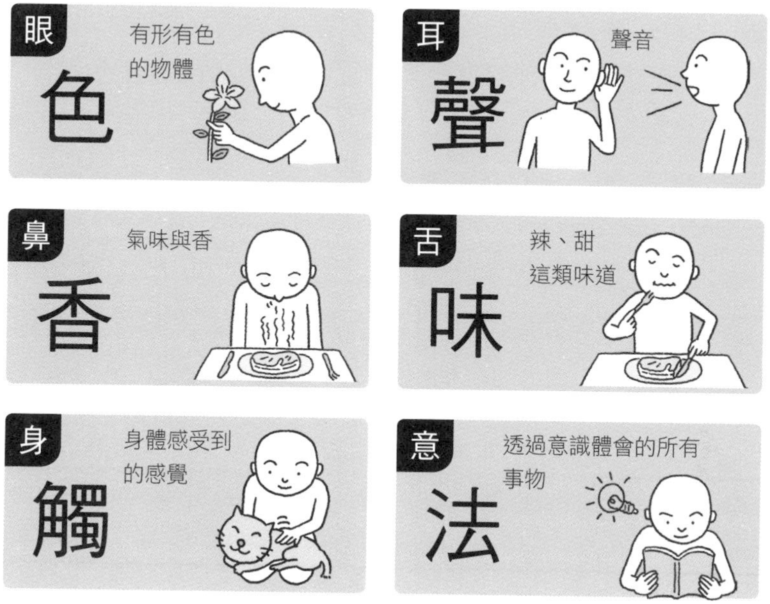

般若心經再次強調，也有這六境不存在的層次。

要注意的是，雖然這部分的經文沒有提到人類的感覺，也沒有感受的對象，但並不代表其指的是無法產生任何感受的殺戮世界。

被關在名為自我的牢籠之中的人雖然從這個牢籠逃脫了，卻又不小心對自我的「根據」過於執著，淪為小乘佛教的境界，而再次從前述的「根據」釋放則屬於大乘佛教的觀點，也是般若心經的觀點。

請試著了解這部分的經文，並且透過一連串的「無」體會解放的感覺。

六根、六境與六識的「十八界」盡是空

無眼界 乃至無意識界

經文

無眼界
乃至無意識界

意思

從眼界到意識界
都不存在

前面提到，作為「我」的根據共有以下十二處，包含：「眼、耳、鼻、舌、身、意」這六根（六種感官），以及「色、聲、香、味、觸、法」的六境（感官的對象），但其實諸法的研究者認為，除了上述這些之外，作為「我」的根據，還有六個元素。

那就是「六根接收六境的功能」，而這六種功能稱為「六識」。六根、六境的十二處加上六識之後，稱為「十八界」。「界」與「處」同義，在原文之中，都解釋為「我」的根據，般若心經也提到了這六識。

有遠遠超越人類感官的境界存在

所謂的六識就是「眼識、耳識、鼻識、舌識、身識、意識」這六種，若從十八界的角度解釋，則包含六根與六境這十二

【人類可辨識的十八個領域「十八界」】

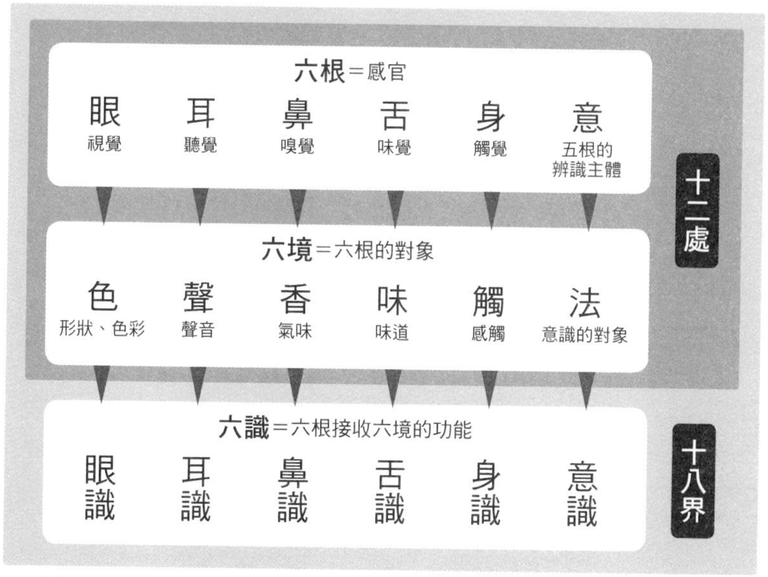

可辨識的領域分成十八種。也是五蘊進一步分類的結果。

處，而且全部都會加上「界」這個字。簡單來說，人類的感官、感官的對象與辨識功能有下列這些。

「眼界、耳界、鼻界、舌界、身界、意界、色界、聲界、香界、味界、觸界、法界、眼識界、耳識界、鼻識界、舌識界、身識界、意識界」。

般若心經的這段經文是以讀者已經知道這「十八界」為前提，「乃至」的意思則是「省略中間的部分」，也就是「從眼界（包含中間的部分）到意識界」都不存在的意思。一如前一節所述，這句經文不是在說沒有任何感覺、枯燥乏味的世界，而是在提醒眾生，還有遠遠超越人類感官的境界這件事。

沒有無知與迷惘，無知與迷惘也不會消滅

無無明　亦無無明盡

經文

無無明
亦無無明盡

意思

沒有無明（沒有無知），無明也不會消滅（無知也不會消滅）

前先提過，「佛教的『法』是經由釋迦牟尼成道所闡明的『事物的相關性』」而解釋這個相關性就是所謂的講經說法。釋迦牟尼在菩提伽耶的菩提樹下開悟之後，就在鹿野苑（收藏佛傳浮雕圖之處）首次說法，而這個事件就稱為「初轉法輪」。

般若心經的這段經文便與初轉法輪的內容息息相關。

人類的苦源自無知與迷惘

人類為什麼會痛苦？釋迦牟尼在深究痛苦的原因之後，找出了造成痛苦的一系列因果，而這些因果稱為十二緣起（十二支緣起、十二因緣）。

十二緣起說明了造成痛苦的十二種過程，而造成痛苦的第一個過程為「無明」。無明是明知（有知）的反義語，意思是「無知」、「陷入迷惘與煩惱」。

【釋迦牟尼最初的說法稱為「初轉法輪」】

在鹿野苑的森林對五位修行的同伴說法後，五個人都同受法喜。

初轉法輪

首次轉動的**法輪**

將釋迦牟尼的教誨比喻為衝散煩惱的戰車。

釋迦牟尼參透的是——從無明開始衍生的一連串結果，就是痛苦的根源（十二緣起的內容請參考下一節）。只要沒有無明，就不會出現後續造成痛苦的原因。

十二緣起的各元素消失稱為「滅盡」，而無明消失稱為「無明盡」。

不過，在如此重要的說法提到的「無明」與「無明盡」，在般若心經都稱為「無」。在原典之中，無明的反義語「明知」消失也稱為「無」。般若心經後續的部分將說明十二緣起的內容。

於十二緣起敘述的一切都是「無」

乃至無老死

經文

乃至無老死

意思

也沒有老死與老死之前的苦痛

釋迦牟尼闡述的十二緣起如下：

「①無明（無知）→②行（自我形成）→③識（辨識功能）→④名色（組成自我的各種元素）→⑤六處（六種感覺）→⑥觸（與對象的接觸）→⑦受（情緒）→⑧愛（慾望）→⑨取（執著）→⑩有（生存）→⑪生（生活）→⑫老死（年老與死亡）」。從「無明」衍生出「行」，再從「行」生出「識」，循著這個因果的流程演進到最後，就會抵達人生最大的痛苦，也就是「老死」。

人在無明之中，無法看見無明

讓我們根據上述這點，繼續閱讀般若心經的後續經文。一如前述，「乃至」是「省略中間內容」的意思，所以從前一節的文章脈絡來看，這前後句的經文，從無明到老死這十二個項目都

【產生痛苦的流程「十二緣起（順觀）」】

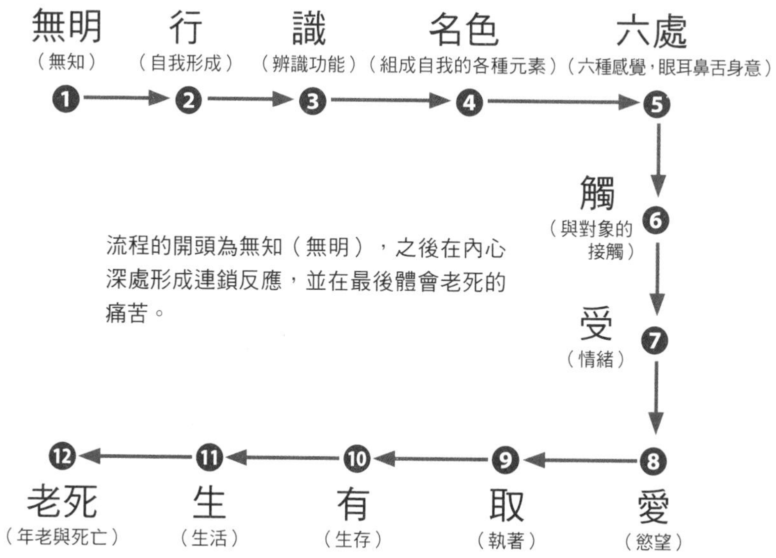

流程的開頭為無知（無明），之後在內心深處形成連鎖反應，並在最後體會老死的痛苦。

是「無」的意思。若將「我」比喻為四層樓建築，這就是身處一樓或二樓的狀態。不管是誰，一開始都是「無明」的狀態。

身陷無明之中的人，是無法知道何為無明的。

只有抵達三樓之後，人才能從無明之中解脫。三樓是能鉅細靡遺地觀察組成自我各種元素的層級，也是舍利子所在的樓層。

照理說，升上這個層級的人可免除各種造成痛苦的原因，但是這個層級的人反而會因為對十二緣起過於執著而感到「痛苦」。

般若心經則是在提醒眾生，若從四樓來看，**「在自行瞑想的時候，十二緣起只是於內心深處形成的流程，而不是實際存在的事物」**。

亦無老死盡

也「沒有」原因與結果走到盡頭這回事

以「①生出②、②生出③」這種「原因↓結果」的順序觀察前一節提及的十二緣起稱為「順觀」，反之，若從「①消失（滅盡），就不會有②，沒有②就不會有③」這種「原因消滅↓結果跟著消滅」的順序觀察就稱為「逆觀」。

經文

亦無老死盡

意思

老與死永遠都不會結束

從無可避免的老死所衍生的恐怖釋放

前兩節提到了「無無明盡」這個詞彙，而這個詞彙的意思是「無明是無盡（不會消失）的」。

而這節的詞彙則是「無老死盡」，也就是「老死是無盡（不會消失）」的意思。前一節的「乃至」也與這個部分有關，所以這句經文的意思是，從逆觀的觀點來看，十二緣起的各項目「沒有盡頭」。

由此可知，般若心經除了提及**沒有所謂的十二緣起，更強**

【否定產生痛苦流程的「逆觀」】

1. **無明（無知）** 若是消滅，行就會跟著消滅
2. **行（自我形成）** 若是消滅，識就會跟著消滅
3. **識（辨識功能）** 若是消滅，名色就會跟著消滅
4. **名色（組成自我的各種元素）** 若是消滅，六處就會跟著消滅
5. **六處（六種感覺）** 若是消滅，觸就會跟著消滅
6. **觸（與對象的接觸）** 若是消滅，受就會跟著消滅
7. **受（情緒）** 若是消滅，愛就會跟著消滅
8. **愛（慾望）** 若是消滅，取就會跟著消滅
9. **取（執著）** 若是消滅，有就會跟著消滅
10. **有（生存）** 若是消滅，生就會跟著消滅
11. **生（生活）** 若是消滅，老死就會跟著消滅
12. **老死（年老與死亡）** 若是消滅，就不再有痛苦

調十二緣起沒有所謂的連鎖反應，也不會消失（沒有實際存在）」這件事。

就實際而言，「沒有無明（無知）就不會老死」是不可能發生的，因為十二緣起並非長生不老的祕訣。

簡單來說，般若心經說的是當眾生了解痛苦產生的流程，捨去執著，就能不再害怕老死。

所以般若心經可說是幫助眾生轉念與成長的經書。

讓眾生遠離痛苦的「四諦」

無苦集滅道

釋迦牟尼在首次講經說法中提到，在十二緣起之後，闡述了「八正道」這個人人都該實踐的道理，而八正道的前提則是「四諦（或稱四聖諦）」的「四理（事物的道理）」，而四諦的第一諦為「苦諦」，也就是「生存為苦」；第二諦為「集諦」，指的是「無窮無盡的慾望會產生痛苦」；第三諦為「滅諦」也就是「能夠抑制慾望」；第四諦為「道諦」，也就是要實現滅諦就要重視八正道。

這段般若心經的「苦、集、滅、道」就是這四諦。

讓眾生不再受到任何束縛的內心修行

「諦」在日文的意思是「放棄」，讓人有種放棄任何事物與壓抑的感覺，但般若心經的「諦」是「釐清、闡明」的意思。

四諦在於說明苦痛的模樣與來源，以及克服苦痛，從苦痛

經文

無苦集滅道

意思

也無苦、集、滅、道

【要行中道所需的四諦與八正道】

釋迦牟尼認為要**從痛苦解放就要奉行「中道」**，也建議眾生實踐「四諦」與「八正道」。

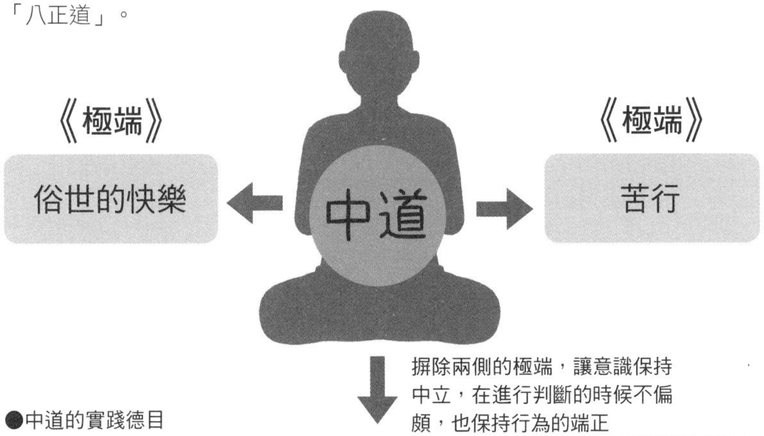
《極端》
俗世的快樂
中道
《極端》
苦行
摒除兩側的極端，讓意識保持中立，在進行判斷的時候不偏頗，也保持行為的端正

●中道的實踐德目

四諦（四聖諦）	八正道
・苦諦　・集諦　・滅諦　・道諦	・正見　・正思　・正語　・正業 ・正命　・正精進　・正念　・正定

釋放的道理。

此外，在道諦提到的八正道為**正見（正確的見解）、正思（正確的思維）、正語（正確的用字遣詞）、正業（正確的行為）、正命（正確的生活）、正精進（正確的努力方向）、正念（正確的心態）、正定（正確的精神統一）這八種正確的修行方法。**

一切都是瞑想的流程以及內心的問題

無智亦無得

許多般若心經的解說書籍都將這部分的「智」與「得」綁在一起，並且解釋成「沒有智慧也沒有得失」或是「無法得到任何理解與覺悟」，但這些說明都是錯的。

釋迦牟尼在初轉法輪之際，曾提到「苦集滅道」，也就是所謂的四諦，並在此時提到「智慧與光明於我而生」，而且「智」接在「苦集滅道」之後，所以這句經文可解釋成「智」可透過四諦八正道獲得。

到此為止的目的是「瞑想的指南」

在大本的般若心經之中，「無智」的後面是「無得亦無無得」。小本的般若心經省略了無無得的部分，但其實「得」與「無得」是互相對應的，那麼到底什麼是「得」呢？這裡的「得」不能解釋成「損失與所得」這類與賺錢有關的意思。

經文

無智亦無得

意思

沒有可知之事，
也沒有收穫

【「苦集滅道」的四個步驟】

STEP 1 **苦諦**
了解世上一切皆是「苦」的事實
知道這世上充滿痛苦。

↓

STEP 2 **集諦**
了解痛苦有很多種原因的事實
了解痛苦的原因。

↓

STEP 3 **滅諦**
了解痛苦會消失的事實
了解「痛苦的原因」可以杜絕。

↓

STEP 4 **道諦**
知道可以杜絕痛苦的方法
了解消除造成痛苦的方法，並且予以實踐。

↓

悟道

徹底了解自己之後，便會發現自我可分解成「諸法」這個元素，也會知道沒有固定不變的自我，而這也是佛教的基本教義。

那麼為什麼我們會覺得「自我」存在呢？研究學者認為「當我們與諸法結合或分離之後，就會產生所謂的個性，也就會覺得自我存在」。與諸法結合的功能稱為「得」，與諸法分離的功能稱為「無得」，而這部分的般若心經認為「沒有」這類功能。

般若心經一邊提及釋迦牟尼的教誨，一邊提醒眾生，這些都只是瞑想的過程，在現實的層級之中「並不存在」，而這段經文其實是「瞑想指南」。與諸法有關的瞑想指南只到這裡，接下來將傳授其他的觀點。

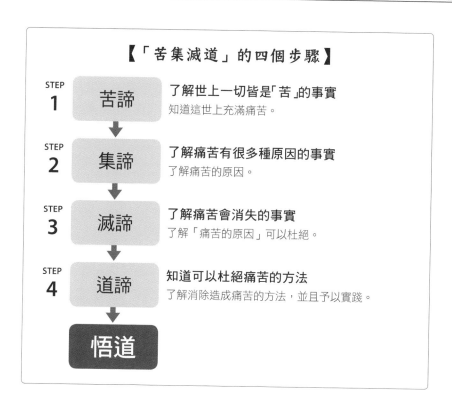

從這裡開始，般若心經將進入講解「方法論」的後半段

以無所得故

經文

以無所得故

意思

（因此）這裡什麼也沒有

大家還記得舍利子在大本的般若心經所描述的第一個場景之中，向觀自在菩薩提出了什麼問題嗎？答案是「你看到了什麼風景？」到前一節為止的經文都是這個問題的答案。

其實**舍利子當下還提了另一個問題。那就是「該怎麼做才能看到那般風景？」，而這個問題的答案將於般若心經的後半段，也就是從現在開始的經文解說。**

強調諸法的作用並不存在

答案的**開頭就是「以無所得故」**。許多解說書籍都不認為這句經文是另一段的開頭，而將這句經文歸納為前一段內容的一部分，把這句經文當成「無智亦無得」的補充說明，再將這兩句經文合併解釋為「無智亦無得，因為本來就無所得」的意思。

不過在原典之中，這句經文的前面還有「是故」這個連接

【「大本」般若心經的舞台】

靈鷲山的說法台

釋迦牟尼晚年常於靈鷲山說法，而靈鷲山就是大本《般若心經》

從上空俯瞰的靈鷲山全貌

詞，所以還是該將這句經文視為新段落的開頭才正確。

此外，也有解說書籍陷在「無所得」本身的意思，解釋成「超越損失與獲得的心境」，但我只能說這種解釋實在是過於天馬行空。

一如前述，這裡的「得」是指與諸法結合的作用，換言之，身在四樓的觀自在菩薩正在提醒眾生「諸法不會合併」以及「諸法沒有任何作用」這件事。

簡單來說，就是在強調完全開放的次元，若是再說得白話一點，就是在說——「這裡什麼東西也沒有」。

菩提薩埵

「般若波羅蜜多」是菩薩的口號

就算對佛教一知半解的人，應該都聽過「菩薩」這個詞，但應該不太知道這個詞是某個詞的縮寫。菩薩就是「菩提薩埵」的簡寫，而作為般若心經傳述者的觀自在菩薩則是菩提薩埵之一。話說回來，般若心經之中的「菩提薩埵」並非單指觀自在菩薩。那麼「菩提薩埵」到底代表什麼呢？

意思是觀自在菩薩是菩薩的代表

菩提是「悟道」的意思，而「薩埵」則是「人」的意思，合併之後，菩提薩埵就是「修行者」的意思（大乘佛教的修行者）。

其實菩薩指的是釋迦牟尼的前世。除了自己努力修行之外，還想救人於水火的大乘教修行者都稱自己為「菩薩」，所以慢慢地，大慈大悲的修行者都被稱為菩薩。

經文

菩提薩埵

意思

菩薩是（菩薩的）

【菩薩奉行的六項德目】

❶布施　檀那波羅蜜
除了物質上的布施，還有闡述佛教教義，讓人內心得到平靜這類精神上的布施。

❷持戒　尸羅波羅蜜
奉行修行者應有的規則與禁欲，以求自身的潔淨。

❸忍辱　羼醍波羅蜜
決不讓內心失控與承受苦難。

❹精進　毘梨耶波羅蜜
為了悟道而努力。

❺禪定　禪那波羅蜜
統一精神，讓內心平靜。

❻智慧　般若波羅蜜
擁有正確的智慧。智慧的完成

「般若波羅蜜多」在菩薩奉行的六項德目之中，最後一項與其他五項德目不同，指的是更深奧、更特別的修行方法。

般若心經的這句經文的「菩提薩埵」在原典之中是複數形，具有「眾位菩提薩埵」的意思。

雖然原典沒清楚寫出主語為何，但從前後文來看，應該可解讀成「菩提薩埵是……」的意思。

如果連同後續的部分一併解讀，就可讀成「我們菩薩根據菩薩們的般若波羅蜜多」的意思。

菩薩們以般若波羅蜜多作為祈禱、瞑想的口號，追尋這句話的涵義，而這件事由菩薩的代表，也就是觀自在菩薩傳述。

不依賴這句真言，無法得到這項成果

依般若波羅蜜多故

般若心經在一開始就提到，在前一段描述的風景是觀自在菩薩在進行「深遠般若波羅蜜多的修行時才得以看見的風景」。而這部分的經文則是重述了「一切都是因為（菩薩的）般若多羅蜜多所致」。

也是在強調**「不依賴般若波羅多（這句真言），就無法得到這番成果」**。

經文

依般若波羅蜜多故

意思

以般若波羅蜜多為依歸

抵達「智慧完成」之境，再更上一層樓

「依」這個字在梵語為「āśritya」，有「以～為依據」、「立足於～」、「以～為根基」的意思。

在開頭說明經題的時候也稍微提過，般若是「智慧（prajñā）」的音譯，「波羅蜜多（pāramitā）」則是「完成」的音譯。

【何謂「般若波羅蜜多」的修行】

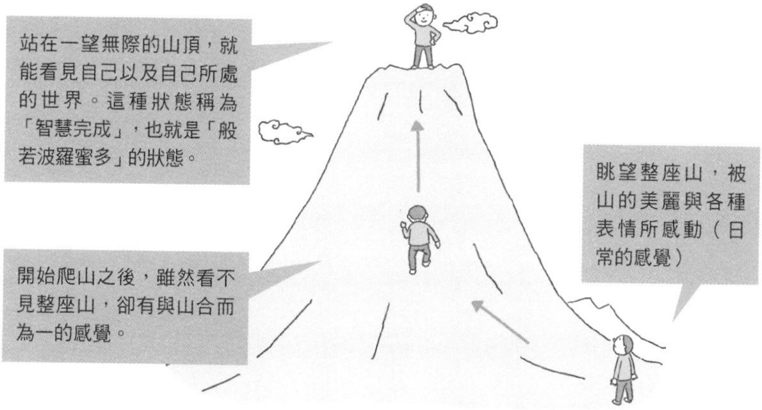
站在一望無際的山頂，就能看見自己以及自己所處的世界。這種狀態稱為「智慧完成」，也就是「般若波羅蜜多」的狀態。
眺望整座山，被山的美麗與各種表情所感動（日常的感覺）
開始爬山之後，雖然看不見整座山，卻有與山合而為一的感覺。

若將「般若波羅蜜多」的修行比喻成爬山，原本只在山腳眺望的人為了更看得更清楚而爬山。好不容易爬到山頂之後，便能清楚地回顧起點以及走過的山路。站在視野良好的位置能夠看清自己，也能環顧整個世界。這就是至高的觀點，而觀察這一切就是「立足於般若的修行」。

般若波羅蜜多可譯為「智慧的完成」，但嚴格來說，應該譯成「智慧本身就是一種完成」，指的已經抵達終點的狀態，而非邁向終點的狀態。

不過，「依」有「立足於此」的意思，所以這句經文有抵達修行的終點，又同時從這個終點更上一層樓的意思。

若以前面的四層樓建築比喻，那就是四樓雖然是終點，但不代表一切已經結束，般若波羅蜜多是在四樓實踐瞑想的意思，而觀自在菩薩則是在告訴舍利子，透過瞑想看到了什麼風景。

心裡沒有半點阻礙與牽掛

心無罣礙

經文

心無罣礙

意思

內心平靜，沒有半點牽掛

這句經文的「心」在原文為「citta」，不同於與經題的「心咒（真言）」對應的「心」（hridaya）」，純粹是我們所認知的「心」，也就是我們的內在。

「罣礙」的「罣」為「牽掛」，礙為「妨礙」的意思。由於是從原文「avarana（妨礙、禁錮、遮掩之物）」翻譯而來，所以「罣礙」應該是中譯者自行創造的學術用語，因此**「心無罣礙」就是「心裡沒有任何妨礙（牽掛、遮掩之物）」的意思。**

處在纏住內心的網子消失的次元

到底什麼是「妨礙」呢？當然就是之前一再提及的「諸法實相」。這是在跟過於研究諸法，宛如內心被網子纏住的三樓眾生說到了四樓之後「再沒有妨礙內心的任何東西存在」。

前半段也提過，而這次則是以方法論的前提，強調進行般

【《般若心經》現存的八種中譯】

	經典名稱	譯者(時代)	翻譯年代
1	摩訶般若波羅蜜大明咒經	鳩摩羅什（姚秦）	402～412年
2	般若波羅蜜多心經	玄奘（唐）	649年
3	普遍智藏般若波羅蜜多心經	法月（唐）	739年
4	唐梵翻對字音般若波羅蜜多心經	不空（唐）	746～774年左右
5	般若波羅蜜多心經	般若／利言（唐）	790年
6	般若波羅蜜多心經	法成（唐）	856年
7	般若波羅蜜多心經	智慧輪（唐）	860年左右
8	佛說聖佛母般若波羅蜜多心經	施護（宋）	982～1017年

若波羅蜜多的修行之後，會「得到什麼成果」。

其他的解說書籍常將這句經文解釋成「心裡沒有執著」。雖然這樣的解釋沒有問題，但如果因此引申為「拋下執著而生吧」這種警世語，就偏離了般若心經的原意，也會被拉回一樓的層次。

比起囿於這個次元的教誨，不如一邊想像心中沒有任何妨礙的境地，一邊體會般若心經的箇中意義，才能更接近所謂的真理。

在完全開放的狀態下沒有恐怖

無罣礙故 無有恐怖

經文

無罣礙故
無有恐怖

意思

由於心裡沒有任何妨礙之物，所以沒有恐懼

想必大家都知道「無罣礙故」是前一節「心無罣礙」的後續，意思是「由於心裡沒有任何妨礙」。

一如前述，罣礙是「妨礙、禁錮、遮掩之物」，但也有「包圍之物」的意思，既然沒有這些東西，所以就「沒有恐懼」。而這句經文到底是什麼意思呢？

束縛自己的就是自己的內心

不管原因為何，恐怖都是由心而生，而究其根柢的話，恐怖是一種「被禁錮」的感覺，而恐怖就是源自這種「被禁錮、無處可逃」的感覺。

之所以害怕死亡，是因為「無法擺脫死亡」，所以那些「不覺得自己被禁錮的人」或是「不打算逃避的人」就不會感到害怕。

【束縛自我的「內心」本來就不存在】

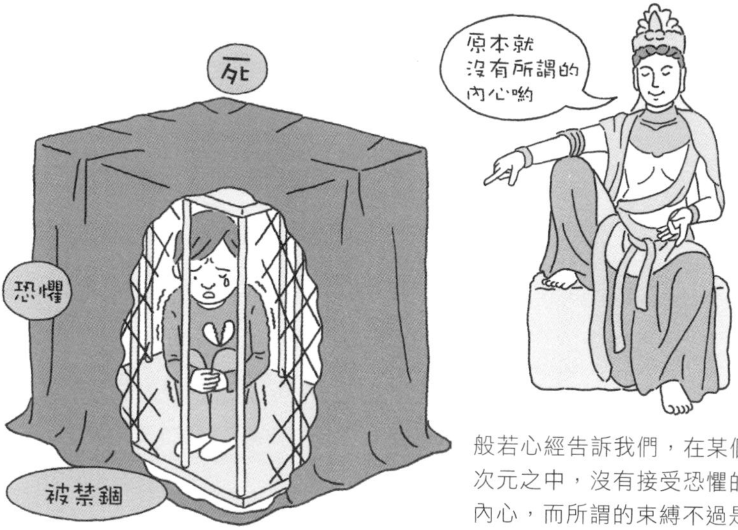

般若心經告訴我們，在某個次元之中，沒有接受恐懼的內心，而所謂的束縛不過是一種錯覺。

我們的內心往往被關在好幾層的牢籠之中，總是因為時間、場所、人際關係、風俗習慣所束縛，也因此感到痛苦，尤其當我們想要擺脫這些束縛時，更是容易感到痛苦。

這裡的牢籠就是我們的內心，所以照理說，我們是無法逃脫的。

不過，般若心經提到了讓內心完全開放的次元。若從前半段的內容來看，這裡說的次元並非「拋下執著，讓內心開放」的次元，而是「能讓內心成為空性的次元」。

般若心經並非強調「內心有多麼重要」的經書，而是強調「在某個次元之中，連心都沒有」的經典，這點還真是讓人感到無比驚訝。

遠離一切顛倒夢想

一如第1章所述，在玄奘的譯本之中，這句經文沒有「一切」這兩個字。

原典也沒有「一切」這兩個字，只有在玄奘之前的鳩摩羅什譯本才有，但有趣的是，以玄奘譯本為基礎的流布本卻有「一切」這兩個字。或許是為了方便朗讀，所以羅什才插入「一切」這兩個字，而流布本也跟著採用。

所謂的超越就是「升級」的意思

「顛倒」就是上下反置的意思，而「夢想」則是「如夢一般，難以實現之事」。其實原典也沒有「夢想」這兩個字，想必是為了強調「顛倒」以及調整音調才插入的。

顛倒夢想的意思是「誤以為不存在的事物存在」，所以有些解說書籍將這句話解釋成——觀自在菩薩提醒眾生「遠離妄

經文

遠離一切
顛倒夢想

意思

超越「誤以為不存在的事物存在」的想法

【現存《般若心經》中，最古老版本的譯者是鳩摩羅什】

對《般若心經》有諸多貢獻

梵語標記／Kumarajiva。330～409年左右。

鳩摩羅什是中國南北朝時代初期的譯經僧。父親為印度人，母親為龜茲王族。於七歲出家之後，先鑽研部派佛教的教義，但後來轉投大乘佛教，將《般若經》《阿彌陀經》《法華經》這些重要的經典譯成典雅的經文。羅什所譯的經典或經書至今仍有許多人傳誦。

想」，但其實不是這個意思。

若以建築物比喻的話，這句話的意思是「身在三樓的人，不該誤將四樓沒有的東西視為有」。「遠離」雖然可直接照著字面解釋，但在梵語的意思是「超越」，所以這句經文的意思是**「超越誤將不存在的東西視為存在的層次」**。

此外，在原典之中，還有意思與「遠離」相當接近的梵文「atikrānto」，直譯的意思為「往上爬到階梯的盡頭」。本書是以四層樓建築物的比喻說明般若心經的意思，而這個梵文可說是非常貼合這個比喻。

釋迦牟尼進入的「涅槃」到底是什麼地方？

究竟涅槃

經文

究竟涅槃

意思

身處完全開放的境地

「究竟」一詞既是中文也是日文，通常會解釋成「抵達事物究極之處」，而「涅槃」則是原文「nirvāna」的音譯，一般指的是釋迦牟尼的入滅，但在此是原文的意思。

問題出在涅槃原本的意思，也就是「熊熊燃燒的煩惱之火熄滅，得到悟道智慧的境地」。

去除遮掩，完全開放的境地

涅槃之所以會是這個意思，應該是與涅槃的語源「吹（風，van）」有關，加上字首的「nir」之後，就變成「吹熄」的意思。

不過，原文沒有「熊熊燃燒的煩惱之火」這個部分。如果以補充的方式說明涅槃如此重要的詞彙也顯得不太自然。

在其他的佛教經典之中，也可看到將煩惱比喻為熊熊烈火

【濃縮釋迦牟尼的教誨的「四法印」】

四法印

三法印

涅槃寂靜	諸法無我	諸行無常	一切皆苦
消滅煩惱、克服痛苦、放下執著的內心，達到安穩境地。	一切都隨著因果生滅，自己不存在。	所有的存在與現象都不斷變化。	這世上充滿了避無可避的痛苦。

的例子，但通常都是用水澆熄，不會是用「吹熄」的方式滅火，而且火通常是越吹越旺才對。

因此，外國的巴利語研究學者認為**涅槃的語源並非「吹熄」的「nirvan」，而是代表「去除遮掩」的「nirvri」**。如果是這個意思的話，就與前一節經文的意思完全吻合，而這句經文的意思就是「能抵達沒有遮掩、沒有妨礙、一切開放的境地（涅槃）」。

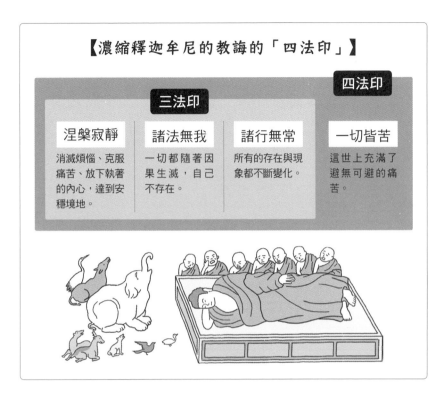

三世諸佛

不管在哪一世，「佛陀」都會誕生

經文

三世諸佛

意思

在過去、現在與未來

這三世出現的所有佛

「三世」指的是「過去、現在、未來」，而佛（佛陀）在印度是指「覺者（悟得真理之人）」「聖者」，但現在已是釋迦牟尼專用的尊稱。

不過，有不少傳説指出釋迦牟尼也曾在過去的時代出現，其中最為人所知的就是「過去七佛的信仰」。這句經文的「三世諸佛」是指不管是在過去，還是哪一世，佛陀都有可能會誕生的通則。

該於自身尋找的內在

小乘佛教將釋迦牟尼解釋為「端坐於雲端之上的超凡之人」，但大乘佛教則認為「任何人都有機會成佛」。

佛陀認為，教義也是隨處可見之物，不需要捨近求遠，只需要反求自身，因為教義是每個人都有的內在，而這也是大乘佛

【過去七佛與未來佛】

過去
現在
未來
第一 毘波尸佛
第二 尸棄佛
第三 毘舍浮佛
第四 拘留孫佛
第五 拘那含牟尼佛
第六 迦葉佛
第七 釋迦牟尼佛
（釋尊）
彌勒菩薩
被認為會在釋迦牟尼之後成佛的菩薩。目前彌勒菩薩正在兜率天*說法，會在釋迦牟尼入滅之後的56億7000萬年來到凡世，拯救未能接觸釋迦牟尼說法的無數眾生。
＊兜率天，為欲界六天的第四層天。而在佛教典籍中，此天的內院即是彌勒菩薩的弘法度生之處。
過去七佛
未來佛

教的教義。

由於「三世諸佛」有著上述的背景解釋，所以才會解釋成「過去、現在、未來的所有佛」。

與這個主語相對的述語是在後面出現的「得阿耨多羅三藐三菩提」（完全悟道）。由於佛是「悟道之人」，所以「諸佛（悟道之人）已完全悟道」的說法乍看之下，好像是在說理所當然的事。

不過，這部分的重點不在這裡，而在下一句的「依般若波羅蜜多故」，所以這部分也將於下一節說明。

諸佛開悟的理由是…

依般若波羅蜜多故

這部分的重點在於過去、現在、未來的所有佛陀之所以能悟道，都是因為「般若波羅蜜多」。

「出現在世上的所有佛之所以為佛，全是因為般若波羅蜜多」，所以這算是非常直接了當的說明。

雖然前面也有「依般若波羅蜜多」的敘述，但當時指的是菩薩的境界，這次的依般若波羅蜜多則是不同的著力點。

繼續前進，一步步提升境界的「知」

在初期的任何佛典都未提及，釋迦牟尼與其他佛陀是因為「般若波羅蜜多」才開悟，但菩薩在重新檢視過去的傳承，鑽研釋迦牟尼的真意，以及反思自己的內在之後，才發現「般若波羅蜜多」是唯一的依賴與根據，而這句經文正是在強調這個部分。

此外，般若波羅蜜多的般若為「智慧（prajñā）」的意譯，

經文

依般若波羅蜜多故

意思

以般若波羅蜜多為依

【過去七佛的共同教誨「七佛通戒偈」】

諸惡莫作
不做各種惡行

眾善奉行
行一切善

自淨其意
潔淨自己的內心

是諸佛教
是諸佛的教誨

由過去七佛共同傳承的「七佛通戒偈」被譽為是所有佛教思想的精華，自古以來，便往各地流傳，最後流傳至日本，也一直備受重視。

而這個字是在意思為「了解」的「jñā」加上意思為「之前」的「pra」所組成，所以也有人將「prajñā」解釋為知識出現之前的「無分別知」，但其實這是錯誤的。如果這種說法是正確的，就等於回到建築物一樓的幼兒樓層。

這裡的「pra」其實是「前進」的意思，也就是從一樓升上二樓，從二樓升上三樓，從三樓升上四樓，一步步提升「知」，返回得到「知」可說是完全相反的解釋，將「prajñā」視為為升上最高樓層的境界才是正確的解釋。

得阿耨多羅三藐三菩提

意思是「至高無上的完全開悟」

「得阿耨多羅三藐三菩提」是「anuttara-samyak-sambodhi」梵語的音譯，意思是「至高無上的完全開悟」。

由於「般若波羅蜜多」也是音譯，所以這個部分很像是依照英文的發音直接寫成片假名，再以日文特有的「teniwoha」這些助詞串連這些片假名。在般若心經之中，除了最後的真言之外，只有這個部分是以這樣的方式翻譯。

依循羅什的先例採用音譯

玄奘列出五種無法翻譯的條件（五種不翻），而這五種條件如下：

① 「陀羅尼」（真言）這種神祕的內容

② 「薄伽梵」這種一字多義的內容

③ 「閻浮樹」這種中文沒有的字眼

經文

得阿耨多羅三藐三菩提

意思

成就了至高無上的完全開悟

【「阿耨多羅三藐三菩提」的中譯與日譯】

	anuttara	samyak	sambodhi
梵語	阿耨多羅	三藐	三菩提
中譯	無上	正等	菩提
日譯	無上	完全	開悟

④「阿耨多羅三藐三菩提」這種有前例的字眼

⑤「般若」這種譯為「智慧」不夠到位的字眼

一如這裡提及的例子，已有前例的「阿耨多羅三藐三菩提」就是直接採用音譯。在日文之中，英語通常會以片假字標記成外來語，但等到大眾都接受這個外來語，這個外來語就等於是該英文的翻譯。

比玄奘更早以音譯的方式翻譯般若心經的是鳩摩羅什。除了般若心經之外，玄奘在翻譯其他經書的時候，都將「阿耨多羅三藐三菩提」譯為「無上正等菩提」。

只有般若心經使用音譯，應該是為了尊重羅什的譯文吧。

以強烈的語氣呼籲「一定要知道」

故知般若波羅蜜多

這個部分從「故知（所以一定要知道）」開始。**在般若心經之中，語氣如此強調的只有這裡。**

看來是因為觀自在菩薩準備對舍利子傳授最終的部分，語氣才會如此深重吧！

一幕幕的劇情越來越接近高潮

之後的文章就如後續的解釋一樣，在「般若波羅蜜多」這個主語之後，出現了四種曼陀羅的稱呼。

漢譯在列出這些稱呼的時候，都讓文章自成段落（例如「是無等等咒」）。

光是看到這四種稱呼，就不難知道觀自在菩薩是用「命令的口氣」對舍利子說，要了解這四種稱呼。

經文

故知般若波羅蜜多

意思

所以一定要知道般若波羅蜜多

【被認為是由空海親手抄寫的手抄本】

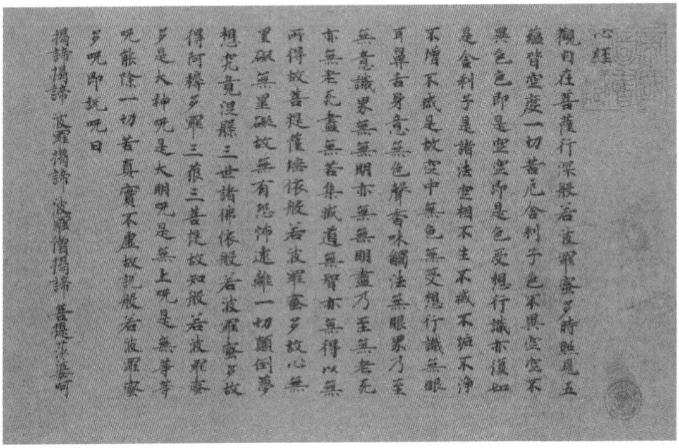

隅寺心經

據説空海曾在稱為隅寺的海龍王寺（奈良縣）抄寫般若心經，但後來才發現，這是天平時代的寫經生，為了朝廷舉辦的祈福除厄誦經會所抄寫的般若心經。

不過在原典之中，這句經文是與後續的經文連在一起的，所以從這裡到般若心經的結尾處，應該都是「要求了解」這些曼陀羅的語氣。

先前提到，「佛教的經典就像是一幕幕的連續劇，般若心經也不例外」，接下來就是這齣劇的高潮。

在此之前提到，菩薩與三世諸佛都已經「依般若波羅蜜多而悟道」。

那麼般若波羅蜜多的行蘊又是如何呢？接下來就要回答這個問題。

接下來是四種曼陀羅的名稱

是大神咒

經文

是大神咒

意思

是偉大的曼陀羅

接下來就是連續四個曼陀羅（真言）。第一個曼陀羅是**「大神咒」**。在解說經題的時候也有提到，「咒」這個字的意思是「曼陀羅」，而大神咒的梵語則是「maha mantra」，意思是「偉大的曼陀羅」。不過，若照著原文翻譯，就會譯成「大咒」，不會有「神」這個字。

或許是因為譯為「大咒」會讓人以為是「大詛咒」，所以才加入「神」這個字。

在其他的經書之中稱為「大心咒」

這裡的「神」被當成「極為優異」的意思使用，並不是「神明」的意思。

其實與玄奘同時代的阿地瞿多譯了一本《陀羅尼集經》，而在這本經書之中也記載了般若心經寫在最後的曼陀羅（以「揭

【成為《西遊記》中三藏法師雛型的玄奘】

超乎常人的翻譯家

玄奘生於西元602～664年，是中國佛教的四大翻譯家之一，與鳩摩羅什並稱兩大譯聖。玄奘曾花了16年的歲月在中國與印度之間往返，並在這16年之內帶回許多佛教經典以及經書，而且還著手譯成中文。相對於過去的舊譯本，他的譯本被稱為新譯本。據說長期在印度努力學習的玄奘為了正確地翻譯梵語，喜歡符合邏輯的譯詞更勝於流於情緒的譯文。

諦」為開頭的部分），而這個部分的「大神咒」被稱為**「大心咒」**。

以此類推，這個曼陀羅的原文有可能是「hridaya（心）mantra（曼陀羅）」，所以在般若心經之中也以「曼陀羅」的意思，當成「hridaya（心）」使用。

雖然無從知道玄奘譯成「大神咒」而不譯為「大心咒」的理由，但當時是曼陀羅還沒有統一譯詞的時代，所以有可能是**為了譯出「偉大的」這個意思而添加「神」這個字。**

名稱的涵義越來越強烈

是大明咒

經文

是大明咒

意思

是偉大而明知的曼陀羅

第二種稱呼是**「大明咒」**。

大明咒的原文是「maha vidya mantro」意思是「偉大而明知的曼陀羅」。一如前述，這裡的「明知」是「無明」的反義語，指的是「有智慧的狀態」。

這裡所說的「智慧」並非屬世的智慧。從「明知」是「無明」的反義語這點就可以知道，是一種透過一再的修行，免除一切煩惱與迷惘的狀態，若以四層樓建築比喻，就是位於三樓的境界，也就是舍利子的層級。

曼陀羅的名稱象徵建築物的樓層

在此出現的各種曼陀羅的稱呼都在強調曼陀羅的偉大。之後會進一步解釋的是，這些稱呼有著**「①偉大的真言↓②偉大而明知的真言↓③無上的真言↓④無可比擬的真言」**的順序。

【後期密宗（藏傳佛教）的佛具「轉經輪」】

刻有曼陀羅的轉經輪

轉經輪的表面刻了曼陀羅，內部則收納了捲好的經文。據説只要轉動轉經輪，轉幾次就等於念誦了幾次曼陀羅。

其實在一般的文章也可以看見這種利用相同的字眼一級級加強語氣的手法，但仔細一想便會發現，這幾個曼陀羅的稱呼也象徵著修行的樓梯。

要從四層樓建築物的一樓往上爬，就一定得經過樓梯，而這些樓梯就等於是讓自己升級的手段，也與曼陀羅的四種稱呼對應。

其實早在三百年前就有人如此解釋，那人就是《般若心經祕鍵》這本般若心經解説書籍的作者「空海」。這本書的內容將於下一節介紹。

是無上咒

不管是在何種修行階段，都是往上爬的樓梯

第三種稱呼是**「無上咒」**。「是無上咒」的梵語為「anuttara mantro」意思就是「至高無上的曼陀羅」。「anuttara」就是前面出現過的音譯「阿耨多羅」，只不過這裡譯成「無上」，所以也變得更簡單易懂。

後續的第四個名稱**「無等等咒」**則是「無可比擬的真言」的意思，是語氣更強烈的讚美。

空海將這四種稱呼比喻成修行的樓梯

空海以「修行的階梯」比喻這四個階段。

空海在《般若心經祕鍵》如下解釋：「第一個大神咒屬於光聽就能理解的人（聲聞）的真言；第二個大明咒則是了解緣起便能自悟的人（緣覺）的真言；第三個無上咒則屬於實踐智慧與慈悲的人的真言（大乘）；最後的無等等咒則勸世人皆成佛的真

經文

是無上咒

意思

是至高無上的曼陀羅

【將密宗引入日本的空海】

774年～835年。出生於讚岐國。15歲開始學習論語、孝經、轉傳與寫作，18歲進入大學寮，但無法滿足於大學的課程，便於19歲輟學，於山林之間修行。804年，以學問僧的身份趕赴唐朝的長安，並於隔年從惠果手中接下密宗的教義。806年回到日本後，創立真言宗。816年，受封高野山，821年負責滿濃池（讚岐）的修建，823年受封教王護國寺（東寺）。

言，也是最為奧義（祕藏）的真言」。

有些人認為，這類解釋充滿了密宗的異樣色彩，但與其從立場置喙，不如說這是一種更貼近般若心經的重要解釋。

根據空海的解釋，不管身處哪個修行階段，這些曼陀羅都是助人爬上樓層的「樓梯」，而這種解釋也可從另外的角度發掘般若波羅蜜多這種真言的價值。

除了出家修行的人之外，**認為所有人也能成佛的大乘佛教精神也由此展現。**

透過最後一層的樓梯前往釋迦牟尼所在的樓層

是無等等咒

經文

是無等等咒

意思

無可比擬的曼陀羅

最後的稱呼就是**「無等等咒」**，這個稱呼在原文為「asama-sama-mantra」，意思是「無可比擬的真言」。

前面將這四種稱呼比喻為四層樓建築的「樓梯」，而「無等等咒」就是最後的樓梯。

不過，這裡或許會讓人覺得有些奇怪，因為要爬到四樓只需要三個樓梯，所以這第四個樓梯要通往何處呢？

抵達四樓之後，還有更高之處

前面曾介紹過收藏在鹿野苑考古博物館的佛傳浮雕圖，也提到在這個佛傳浮雕圖之中，釋迦牟尼的誕生、修行、初次說法與入滅的樣子被刻成四層樓建築的樣子。

其實這個佛傳浮雕圖還有「屋頂」。從第55頁佛傳浮雕素描圖就可以發現，屋頂有一位正在打坐的釋迦牟尼，代表屋頂是

【提升悟道層次的四種曼陀羅】

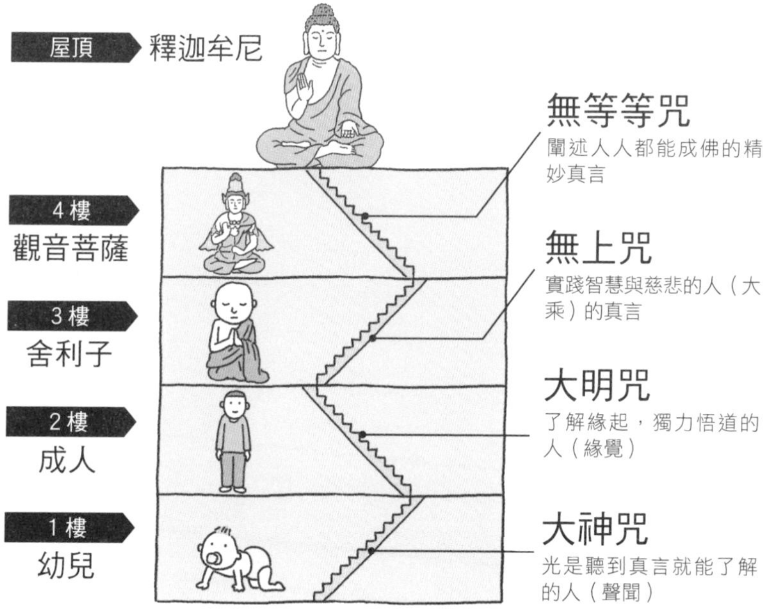

「釋迦牟尼所在之處」。釋迦牟尼的所在之處並非另一個樓層，而是整棟建築物的頂端，是沒有任何隔牆的寬闊空間。

「無等等咒」正是登上之處的樓梯。雖然四樓看起來是終點，但**其實並非終點，因為還有更高之處**，佛傳浮雕圖與般若心經也都提到了這點。

其實前面也提過很多次，般若心經並未否定下方樓層的人，而是在提醒眾生「每個人都可以透過樓梯往上爬」、「沒有下方的樓層，就沒有上方的樓層，所有樓層就是我們自己」這件事。

從一切的痛苦解放

能除一切苦

經文

能除一切苦

意思

平息一切痛苦的真言

接下來是進一步說明曼陀羅的內容。中文譯為「能除一切苦」，而日文則譯為「すべての苦を鎮めるものであり」。

前面提過，原典裡面沒有般若心經開頭那句「度一切苦厄」，之所以會插入這句經文，是為了強調這裡的「能除一切苦」，這也間接印證漢字譯者多麼重視這個部分。

每每從內在的建築物往上爬，都能得到解放

順著前面的文章脈絡閱讀，可將前後兩句經文解釋成「（抵達智慧完成境界之人）能免除一切痛苦」。這句經文是在說般若波羅蜜多的曼陀羅就是有如此力量。

前面提過，所謂的痛苦是指「未能得償所願之事」，而其中程度最甚的就是十二緣起之末的「老死」，也就是年老與死亡，眾所皆知，這是人類避無可避的痛苦。

【要了解「一切都是無法得償所願的事」】

三苦

糾纏身心的三種痛苦

苦苦	壞苦	行苦
天氣冷熱、飢渴、疾病這些本身就是痛苦的苦。	愉悅之事被破壞的痛苦	從所有東西都會不斷改變的無常感受到的痛苦

↓

一切皆苦　所有的一切都是痛苦

明明這世上的所有事情都無法按照自己的預期發展，卻又想著「要扭轉這些事情」的時候，就會感到痛苦。正因為一切都會不斷地改變（諸行無常），所以只有在接受「一切都是無法得償所願的事」之後，才能從痛苦解放。

「免除這種痛苦」又代表著什麼意思呢？就算每天念誦真言也不可能長生不老。

不過，這句經文是在強調，當我們抵達了排除一切束縛與障礙（罣礙）的境界，就能從痛苦得到釋放。

當我們從位於內在的建築物往上爬，視野就會越來越開闊，也就能捨去罣礙，從痛苦之中解放，而這句經文正是在**重新提醒我們「般若波羅蜜多的曼陀羅是通往上方樓層的樓梯」**這件事。

真實不虛故

沒有矛盾，也沒有虛假

經文

真實不虛故

意思

因為（這點）是真實的，沒有半點虛妄之處，所以……

這個部分通常會解釋成**「真實，沒有半點虛假」**，大部分的解說書籍也解釋成「真實」與「不虛」是在重複強調同一件事。

如果只看漢譯的話，的確會覺得「真實」與「不虛」是在重複強調同一件事。此外也有解說書籍認為「不虛」不是「真實」的理由，所以最後一個字的「故」，要放到下一句，讓下一句經文解釋成「所以要解說般若波羅蜜多的咒」。

原典的句子是「因為沒有虛假，所以才是真實」，由此可知，這裡的「故」不該放到下一句，而是要與「不虛」放在一起。

因為是確實之事，所以可信賴，也才有效果

這裡的「真實」在梵語為「satyam」，意思並非「事實」，

【《般若心經》能平息一切苦】

玄奘也因「般若心經」的真言得到救贖。玄奘前往印度之前，曾在蜀地救治因病倒臥在路邊的病人，因而學到《般若心經》的真言。據說他在前往印度朝聖的途中，曾遇到惡鬼與惡靈阻撓，而當他口念真言，便讓這些惡鬼發出慘叫，落荒而逃。

而是「因為是確實之事，所以可信賴，也才有效果」。

想必大家都已經知道，所謂確實之事就是指般若波羅蜜多的真言。

順帶一提，前面在解說「苦集滅道」（74頁）的時候，曾提到「諦」是「釐清、闡明」的意思，而這個字的原文「satyam」也有「明白確實之事」的意思。

後續提到的「不虛」的原文為「amithyatvāt」，意思是「沒有矛盾與虛假」，所以這句經文與前一句經文加起來的意思為**「般若波羅蜜多的曼陀羅是能確實有效平息一切苦的真言，因為沒有半點矛盾與虛假」**。

說般若波羅蜜多咒

經文

說般若波羅蜜多咒

意思

於般若波羅蜜多的修行念誦的曼陀羅是……

「說般若波羅蜜多咒」的意思是「於般若波羅蜜多的修行念誦的曼陀羅是……」後續則是曼陀羅的部分。

讓我們在這裡針對曼陀羅介紹那些還沒講解的部分，也就是對印度人來說，「曼陀羅」到底是什麼？擁有這部分的基礎知識，應該就能對般若心經有更深一層的認識。

宣告「這是佛教的曼陀羅」

當印度人將某些事物形容成「很像是曼陀羅」，意味著對該事物有著無上的讚美，而且不用多做解釋的是，他們口中的曼陀羅是指婆羅門教經典《吠陀》的其中一節。

對印度人來說，只有《吠陀》才是眾神賜予的智慧，是獻給眾神的讚美，是打動眾神的言語。婆羅門教的祭司堅信，只有念誦吠陀，眾神才會幫助人類維持世界的秩序，可是，佛教不承

【不承認種姓制度的釋迦牟尼】

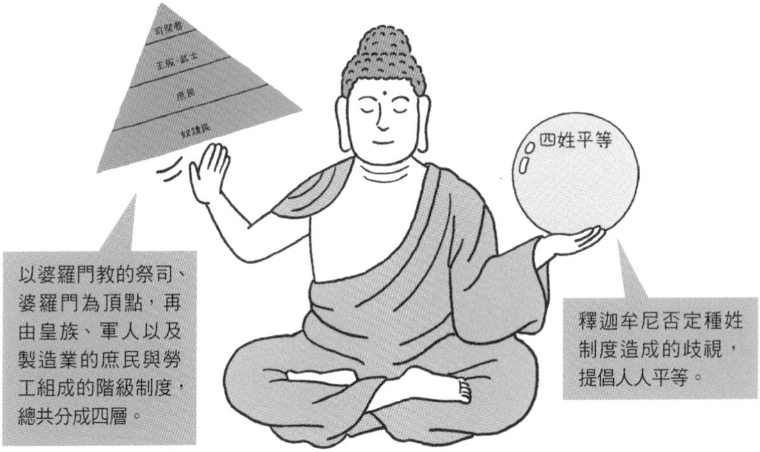
司祭者
王族·武士
庶民
奴隸民
四姓平等
以婆羅門教的祭司、婆羅門為頂點，再由皇族、軍人以及製造業的庶民與勞工組成的階級制度，總共分成四層。
釋迦牟尼否定種姓制度造成的歧視，提倡人人平等。

在釋迦牟尼出生之前，印度自古以來都信奉崇拜自然神祇的婆羅門教。婆羅門教規定，只有位於種姓制度頂點的婆羅門可以向神祈禱，不過釋迦牟尼不認同這點，而是貫徹「四姓平等」這個眾生平等的理念。

認吠陀的權威性。

尤其佛教不承認奠基於吠陀的種姓制度，反倒推崇貫徹四姓（四種身份）平等的教義。

基於如此背景，佛教初期雖有禱詞，卻無法稱為「曼陀羅」，當時的印度佛教徒也不斷地尋找可以取代吠陀的曼陀羅。

於此時登場的便是含有佛教理想的「般若波羅蜜多」，而**第一部大聲宣告「這就是佛教的曼陀羅」的經典便是「般若心經」**。

總算要開始提到曼陀羅

即說咒曰

經文

即說咒曰

意思

也就是說，曼陀羅有下列這些……

「即說咒曰」的意思是：「也就是說，曼陀羅有下列這些……」，這句曼陀羅的前導文只有這樣。佛教的曼陀羅與吠陀的曼陀羅不同，不是請眾神幫忙達成願望的咒文，而是於探尋內在的高深修行體系應用的真言，是實踐知慧與慈悲的菩薩的寄託，不同於傳統的佛教曼陀羅也因此提及。

也是做為思考工具的禱詞

其實「曼陀羅」是由**意思為「思考」的「曼」以及意味著手段的「陀羅」所組成，所以原本的意思是「思考的工具」**。所謂思考的工具就是「語言」。人若沒有語言就無法思考，但在語言之中，只有禱詞稱為「曼陀羅」。

因此曼陀羅可說是一種「咒語」，不過，這種咒語沒有現代人那種對「咒語」的詭異偏見，而是一種天啟，是一種傾聽神

【般若心經的真言（曼陀羅）的梵文】

梵文

ga te　ga te　pā ra ga te　pā ra saṃ ga te　bo dhi svā hā

漢語

揭諦 揭諦 波羅揭諦 波羅僧揭諦 菩提娑婆賀

玄奘以漢字音譯的方式翻譯「揭諦」與之後的真言。這也符合96頁提到的「五種不譯的條件」。空海也提到，「揭諦」與之後的真言含有無邊無垠的真實，所以無法以任何語言描述。

意的手段，是至高無上的神聖之物。

日本自古以來都有所謂的「言靈信仰」，也就是相信神靈棲息於言語之中，而這種信仰如今依舊存在，比方說，家中若是有考生，就不會提到與「落榜」有關的字眼，也不會在參加婚禮時提到「分手」「離別」這類字眼，這一切都是因為相信一語成讖這件事。

能讓我們透過這種語言的力量提升內在的正是般若波羅蜜多的曼陀羅。

揭諦的意思是「前往」嗎？

揭諦揭諦

接下來就是一連串的般若波羅蜜多的曼陀羅，而且都是音譯。最初的「揭諦揭諦」是梵文「gate、gate」的音譯。

曼陀羅必須經過念誦才能發揮力量，所以不管是哪個版本的漢譯，都以音譯的方式處理曼陀羅這個部分，不會妄加翻譯。

空海解釋成「展示修行的成果」

曼陀羅並非傳遞意思的言語，而是只與念誦者的體驗密切相關的禱詞，所以本來就無法精準地解釋，甚至是不需要解釋。

不過，任何人都會好奇「這些曼陀羅到底是什麼意思」對吧？

再者，就算只知道基本的意思，或許他能進一步感受般若心經的力量。

所以接下來介紹一些曼陀羅的解釋。許多解說書籍的作者

經文

揭諦揭諦

意思

gate、gate

【日本佛教學者的曼陀羅翻譯示例】

揭諦 揭諦 波羅揭諦 波羅僧揭諦 菩提娑婆賀

中村元版本
前往之人啊，前往之人啊，前往彼岸之人啊，所以前往彼岸之人啊，開悟吧，幸福吧。
（《般若心經、金剛般若經》 岩波文庫）

平井俊榮版本
已出發之人啊，已出發之人啊，已出發至彼岸之人，所有已出發至彼岸之人啊，幸福吧。
（《般若經》筑摩學藝文庫）

高神覺昇版本
自行開悟，再助他人悟道，完成悟道之行。
（《般若心經講義》角川Sophia文庫）

宮坂宥洪版本
母親啊，母親啊，猶如母親的般若波羅蜜多啊，請幫助我悟道啊。
（《真言 般若心經》角川Sophia文庫）

與學者都對般若心經的曼陀羅有所解釋。

「揭諦（gate）」在原文的意思是「前往」，所以許多學者解釋成「前往之人啊」或是「抵達吧」。

另一方面，空海在前面提及的《般若心經祕鍵》提到，前者的「揭諦」是聲聞的修行成果，後者的揭諦則是緣覺的修行成果（關於聲聞與緣覺的解釋請參考104頁）。

重複的「揭諦」所代表的意思

波羅揭諦　波羅僧揭諦

接下來繼續解釋曼陀羅。「波羅（pāra）」的意思是彼岸（河的對岸），與意思為「前往」的「揭諦」放在一起之後，通常會被解釋為「前往彼岸的時候」、「前往彼岸的人啊」或「抵達彼岸吧」這類意思。

「僧（san）」的意思是「完全地」，所以若依照前面的方式解釋，「波羅僧揭諦」就是「完全地前往彼岸的時候」、「全心前往彼岸的人啊」。

這種解釋到底多麼貼近曼陀羅的原意呢？

與修行的樓梯呼應的曼陀羅

假設依照字面意義將「揭諦」解釋成「前往」，那的確會得到上述的意思，不過，若侷限於字面意義，反而會覺得不知所云。

經文

波羅揭諦
波羅僧揭諦

意思

pāra-gate-
pārasan-gate

【空海提出的曼陀羅的功德】

揭諦－是大神咒

聲聞的功德 光是聽到釋迦牟尼的聲音就開悟的境界。

揭諦－是大明咒

緣覺的功德 可以了解成為世上所有實相的緣起。

波羅揭諦－是無上咒

菩薩的功德 源自聲聞與緣覺的菩薩境界。

波羅僧揭諦－是無等等咒

真言的功能 菩薩維持協調與秩序，在世上建立佛國。

比起「前往」這個意思，「理解」應該是更適切的語意，這也與意思為「智慧本身是一種完成」的「般若波羅蜜多」頭尾呼應。

一邊加強語氣，一邊連續強調四次意思為「理解」的「揭諦」是一種不斷地透過內在的樓梯往上爬，一步步提升理解的感覺。

空海在《般若心經祕鍵》的解釋也是如此。他認為前兩個揭諦為聲聞與緣覺的修行成果，而波羅揭諦為大乘修行的成果，波羅僧揭諦為真言（曼陀羅）的修行成果。空海認為這種解釋與曼陀羅的稱呼、內容以及意味著修行的階梯前後呼應。

對「猶如母親的般若波羅蜜多」的呼籲

菩提娑婆賀

經文

菩提娑婆賀

意思

bodhi、svāhā

前面在說明菩提薩埵的時候也提過，「菩提（bodhi）」的意思是「悟道」。空海認為之前的曼陀羅與修行的樓梯呼應，所以將最後的「菩提娑婆賀」解釋成「進入究極開悟的境界」。

本書的結論與空海相同，認為這個曼陀羅蘊含「修行的樓梯」之意。這個曼陀羅不僅形容了順著樓梯一步步往「內在的建築物的上層爬升」，於每層樓確認自己的視野越來越開闊，越來越接近佛的境界的過程，也讚美了這個過程。

歷經數百年才甦醒的佛母

此外，在原文之中，各部分的曼陀羅都是針對女性名詞的「稱呼」。再者，最後的「娑婆賀（svāhā）」在佛教以及印度的各項儀式之中，都有「願一切成就！」的意思。

在第1章的時候曾經提過，般若波羅蜜多既是曼陀羅，也

【釋迦牟尼的生母摩耶夫人】

在巴利語或是語稱為Māyā、माया。生卒年不詳。一般認為摩耶夫人來自拘利族，嫁給釋迦族的國王「淨飯王」，並在產下釋迦牟尼之後的七天辭世。傳說她在吠舍佉月（印度曆法的第二個月，陽曆的四月或五月）夢見長了六根牙齒的白象進入胎內，因而懷了釋迦牟尼，並在回鄉途中繞道藍毘尼之際伸手摘花，而從右腋產下釋迦牟尼，而在南方傳之中，是在伸手折斷娑羅雙樹的樹枝之際產下釋迦牟尼。

被神化為生下諸佛的「佛母」，所以根據這點以及一直以來的各種解釋，曼陀羅應該如下解釋——

「母親啊，母親啊，猶如母親的般若波羅蜜多啊，請幫助我悟道啊！」

也可解釋成在誕下釋迦牟尼七天就辭世的生母摩耶夫人，在歷經數百年的歲月之後復活，成為大乘佛教的原動力，撼動眾生的內心。

般若心經

由釋迦牟尼編織而成的偉大哲學劇

一如在開頭說明經文主題的部分所述，印度的經典不會在開頭寫上標題，只會在最後留下「以上為～」的字眼做為結束，而這裡的般若心經就是這個部分。

小本的般若心經只有觀自在菩薩對舍利子傳授的修行內容，而大本的般若心經則另有觀自在菩薩傳授完畢之後的場景。

「發現內在的智慧吧！」

在大本的般若心經之中，當觀自在菩薩傳授完畢後，釋迦牟尼從瞑想之中醒來，便稱讚觀自在菩薩「善哉、善哉，一切正是如此啊！」，聽到這句讚美的聽眾也欣喜若狂，大本的般若心經也在這一幕畫下句點。

這一幕的故事是由在屋頂俯視一切的釋迦牟尼所編成的偉大哲學劇。

經文

般若心經

意思

以上就是般若波羅蜜多的所有曼陀羅。

【空海的「十住心論」】

空海將內心的發展順序分成十個階段，並且與各派的教義對照，讓信徒知道密宗的教義最為優異。

高	第十　祕密莊嚴心	從真理找到無限寶物的階段（真言宗）
	第九　極無自性心	理解世界的無限，卻無法實踐（華嚴宗）
	第八　一道無為心	能正確認識世界的階段（天台宗）
	第七　覺心不生心	了解何為「空」，卻停留在否定「空」的階段（三論宗）
宗教心	第六　他緣大乘心	奉行利他主義的階段。之後再奉行大乘佛教的精神（法相宗）
	第五　拔業因種心	了解緣起的階段（透過自學開悟）
	第四　唯蘊無我心	了解無我這項教義的階段（上座部佛教）
	第三　嬰童夢畏新	宗教心萌芽的階段（佛教以外的宗教）
	第二　愚童持齋心	產生倫理意識的階段（所有人都有的階段）
低	第一　異生羝羊心	如羊一般，只有性慾與食慾的階段

這一切與所有人的內在相關，因為不同等級的樓層都已經於我們的內心存在。我們通常留在二樓的俗世樓層，或是一樓的幼兒樓層。

明明我們心中還有視野更為遼闊的上方樓層，我們卻毫無所覺，所以才會煩惱與痛苦。不過，般若心經想告訴我們的是，當我們一步步沿著內心的樓梯往上爬，**「就能從所有的痛苦與煩惱解脫」**。

這種智慧就在我們心中，完全不需捨近求遠，而般若心經也不斷地呼籲我們「發現內在的智慧吧！」

試著一起唸誦般若心經

*「讀經的禮儀與心法」請參考126～127頁。

佛說摩訶般若波羅蜜多經　觀自在菩薩

行深般若波羅蜜多時　照見五蘊皆空　度一切苦厄　舍利子

色不異空　空不異色　色即是空　空即是色　受想行識　亦復如是

舍利子　是諸法空相　不生不滅　不垢不淨　不增不減

是故空中　無色無受想行識　無眼耳鼻舌身意

無色聲香味觸法　無眼界　乃至無意識界　無無明　亦無無明盡

乃至無老死　亦無老死盡　無苦集滅道　無智亦無得　以無所得故

菩提薩埵　依般若波羅蜜多故　心無罣礙　無罣礙故　無有恐怖

遠離一切顛倒夢想　究竟涅槃　三世諸佛　依般若波羅蜜多故

得阿耨多羅三藐三菩提　故知般若波羅蜜多　是大神咒

是大明咒　是無上咒　是無等等咒　能除一切苦

真實不虛故　說般若波羅蜜多咒　即說咒曰

揭諦揭諦　波羅揭諦　波羅僧揭諦（※連著發音）　菩提娑婆賀（※連著發音）　般若心經

「漢字表記與讀法都以真言宗智山派為主」

讀經的禮儀與心法　淨身・心靜

字數僅２６２個字的般若心經，非常適合在心裡默念，自古以來，也有不少人熱中於讀經。就算是不習慣讀經的人，也能輕鬆地掌握韻律感的經典。

為了方便大家念誦，本書特別在１２４～１２５頁刊載了附有注音的般若心經全文，大家不妨一邊看著這個範本，一邊試著讀經。

雖然般若心經是非常貼近日常生活的經書，但畢竟還是神聖的經書，所以在讀經的時候，有一些需要遵守的禮儀與心法，不過大家不需要想得太過正式。在此便為大家介紹相關的禮儀與心法。

第一個心法就是要尊敬經書。一如第1章所述，般若心經濃縮了六百卷經書的精華，而且是透過很多人的幫忙，才輾轉傳到我們手中，所以要獻上感謝與崇敬之心。

如果是在家中讀經，最適當的場所就是在佛壇前方。

如果家中沒有佛壇，可改在整潔、沉靜的場所進行。

也可以在前方擺設佛像的照片，再獻上鮮花或是盆栽植物。

接著就是依照下列的步驟讀經。

①淨身＝洗手、漱口。

②打開佛壇*，坐在佛壇前面＝若家中沒有佛壇，可坐在整潔、沉靜之處。如果有念珠，可以先掛在手上。

③三拜＝合掌之後，朝著前方拜三次。

④獻上經書（用兩手將經書拿到高於頭部的位置）＝做完獻上經書的儀式後，再翻到要閱讀的位置。假設手中沒有經書，可翻到本書的124～125頁，或是複印這兩頁的內容。

⑤響鈴＝依宗派的儀式搖鈴。

⑥以雙手將經書拿到視線的高度再讀經＝基本上是依照各宗派規定的「在家勤行式」讀經，但可自行調整讀經的方式。

⑦響鈴。

⑧三拜。

⑨關上佛壇*，結束讀經。

在習慣讀經之前，可能會不小心讀錯，但不需要太在意這些小地方，也鼓勵大家盡可能大聲地朗讀，只要不會打擾他人即可。若能平靜地讀經，就會從讀經的過程以及韻律感到舒適。

長此以往，就能感受到心中似乎有些東西出現或是產生變化。

*日本佛壇大多採雙開門的形式，因此讀經前後需要打開、關上佛壇，台灣地區多採開放式的神桌形式，可以省略這個步驟。

聽聽監修者的讀經方式

本書監修者宮坂宥洪老師的讀經方式已收錄在網站。掃描下列的QR碼就能一覽監修者的讀經方式。從中可以學到讀經的聲調、韻律以及進一步體會「般若心經」的氛圍與奧妙。（編註：日文發音與中文不盡相同，本書收錄較為普遍的華語讀音，以注音形式標註，可依QR碼連結影音了解真言宗智山派的讀音）

心經超圖解

看圖就懂，史上最強般若智慧解析

作者宮坂宥洪（監修）
譯者許郁文
插畫竹口睦郁
照片提供國立國會圖書館／photolibrary／iStock
主編吳佳臻
責任編輯孫珍
封面設計羅婕云
內頁美術設計李英娟

執行長何飛鵬
PCH集團生活旅遊事業總經理暨社長李淑霞
總編輯汪雨菁
行銷企畫經理呂妙君
行銷企劃主任許立心

出版公司
墨刻出版股份有限公司
地址：115台北市南港區昆陽街16號7樓
電話：886-2-2500-7008／傳真：886-2-2500-7796／E-mail：mook_service@hmg.com.tw
發行公司
英屬蓋曼群島商家庭傳媒股份有限公司城邦分公司
城邦讀書花園：www.cite.com.tw
劃撥：19863813／戶名：書虫股份有限公司
香港發行城邦（香港）出版集團有限公司
地址：香港九龍土瓜灣土瓜灣道86號順聯工業大廈6樓A室
電話：852-2508-6231／傳真：852-2578-9337／E-mail：hkcite@biznetvigator.com
城邦（馬新）出版集團 Cite (M) Sdn Bhd
地址：41, Jalan Radin Anum, Bandar Baru Sri Petaling, 57000 Kuala Lumpur, Malaysia.
電話：(603)90563833／傳真：(603)90576622／E-mail：services@cite.my
製版・印刷漾格科技股份有限公司
ISBN978-986-289-786-7・978-986-289-794-2（EPUB）
城邦書號KJ2079 **初版**2022年11月 **四刷**2024年5月
定價360元
MOOK官網www.mook.com.tw
Facebook粉絲團
MOOK墨刻出版 www.facebook.com/travelmook

國家圖書館出版品預行編目資料

心經超圖解：看圖就懂,史上最強般若智慧解析/宮坂宥洪作；許郁文譯. -- 初版. -- 臺北市：墨刻出版股份有限公司：英屬蓋曼群島商家庭傳媒股份有限公司城邦分公司發行, 2022.11
128面；14.8×21公分. -- (SASUGAS ;79)
譯自：眠れなくなるほど面白い 図解 般若心経
ISBN 978-986-289-786-7(平裝)
1.CST: 般若部
221.45　　111017424